一隻拚命吐絲的蠶

——代序《台灣的歲節祭祀》

黃文博

第一次看到劉還月的人，八成都有這種印象：造形怪異，目標明顯！看一次包準永生難忘。

驚訝之餘，說不定還會這樣自問：台灣怎麼會有這麼年輕的老頭？

不不，搞錯了，應該要問：怎麼會有這麼老的年輕人？

其實，怎麼問都對，劉還月的「老」，老在他的腦袋，他有一套老成持重的民俗哲學；劉還月的「輕」，輕在他的兩隻腳，他有一條永遠走不完的民俗旅程。

認識劉還月，那是在他《台灣民俗誌》出書之後。

八〇年代以後，標榜本土觀點的台灣民俗園地漸被開發，劉還月可謂拓荒者之一，當他那本有「集民俗之大成」企圖心的嘔心瀝血之作出書後，初嚐民俗報導的我，給了他一些雞蛋裡挑骨頭的批評，那年八月，他應邀參加南鯤鯓廟舉辦的「鹽分地帶文藝營」，兩人第一次見面，結果一見如故，相談甚歡，接下來就是臭味相投、「惺惺」相惜，以後更是互通有無、互揭瘡疤。

文化在交流後產生火化，今天，我們對民俗的見解不見得彼此都能相互吸納，但激盪的火花，却益形明亮，我們還是有共同關心的問題和焦點。

放眼當今文藝武林，能寫能拍又能說，能編能輯又能印，還有餘力策劃製作本土文化的電視（錄影帶）節目，甚至搞搞活動的，大概只有這位精力充沛的天才老童——劉還月。

說他精力充沛，可能形容得保守了些，在東奔西走南征北討之餘，他能夠一連數年扛回了國內幾個徵文大獎，還行有餘力的飄洋過海到美洲新大陸去辦巡廻講演。

說他天才老童，可能也描繪得不夠盡致，他不但把一個從無到有的出版社，辦得有聲有色，搞得轟轟烈烈，還身兼母職把一個未及週歲的女兒，養得白白胖胖，教得伶俐懂事。這種搬大獎、搞專書、泡牛奶、換尿布……十八般武藝件件皆能的功夫，豈只天才而已！

也許，對劉還月來說，這些都只是其次，他奮鬥的，最後都將萬流歸宗，歸到「民俗」的這個大海裡來。

由於艱辛的童年生活，浪漫的青春歲月，失敗無奈的婚姻……相互影響與交集之下，形成了劉還月較爲鮮明的幾個人格特質：孤傲有自信、頑黠帶幽默、多愁卻樂觀、挑戰但磊落、嫉惡知尊重、狂熱能節制，以及善交際、能領導、有才華，再加上反應靈敏、思路清楚，造就了他民俗寫作的幾個特色：通俗報導兼帶人性關懷，廣泛探討亦作批判反省，感情豐富也有思考啓發。

這些年來，我們看到劉還月拚命的跑民俗、拚命的寫民俗，也拚命的做民俗，工作之認眞，態度之誠懇，眞是叫人佩服和感動。

這些年來，我們也看到劉還月拚命的出民俗專書，一本又一本，一套又一套，速度之快，數量之多，委實叫人大吃一「斤」。

其實，桑葉吃了一斤、一百斤、一萬斤……之後，是也該到拚命吐絲的時候了，劉還月現在正是一隻拚命吐絲的蠶，也唯有像他這種吃過這麼多斤桑葉的蠶，才能在這個時候吐出這麼多的絲——這麼多美麗的「絲」，這麼多芬芳的「書」。

吐絲過後，劉還月應該還會是一隻繼續拚命吐絲的蠶，因爲他不願意作繭。因爲劉還月很淸楚，作繭將會自縛。

「民俗通俗化」、「民俗散文化」是劉還月多年來楬櫫的兩大理念與態度，他拚命的寫、拚命的出、拚命的辦，就是要讓更多的人，尤其年輕朋友，有興趣也有能力的來認識這塊屬於我們自己的豐美大地，《台灣的歲節祭祀》正是這樣一本大家都能接受的民俗專書，這也是我們進一步親近台灣風土的最好機會。

這本佳作已搞不淸是劉還月第幾本名著了，雖然仍是他有企圖心的計畫之一，但大抵是較「散文化」呈現與較詳盡描繪的一本，有感性也有知性，更有思性！在這裡，我們也可看到劉還月民俗報導的成長過程與心路歷程！

劉還月對台灣民俗的影響與貢獻，在今天已逐漸顯映出來；然而，他並不以此爲滿足，他依然在拚命的吃著台灣民俗的桑葉，今天，他已是一隻拚命吐絲的蠶了，未來他更將是一隻拚命吐絲的蠶。

因爲他是天才老童——劉還月。

目錄

第一輯

歲時傳說

翻山越嶺迎佛祖

——台南縣東山鄉山區深夜迎佛祖盛會

台南縣的東山鄉和關仔嶺一帶，位處於阿里山脈的南緣地段，是個相當偏僻的山區，但在明鄭領台時期，爲實施駐兵屯田政策，便曾派部隊入墾白河、東山一帶，使得它的開拓歷史提早了許多；相傳關仔嶺上的火山碧雲寺，便是當初陳永華巡視此地後創建的，此外，東山街上的碧軒寺，也是創建於清代的古廟。

關仔嶺上的火山碧雲寺與東山碧軒寺雖同爲供奉觀音佛祖的寺廟，兩地相差五十公里，也沒有祖廟與分靈廟的關係，却因清初的一段因緣，讓兩廟維持了一、兩百年密不可分的關係。相傳清道光廿四（西元一八四四）年五月，關仔嶺的火山碧雲寺不幸毀於大火中，台南府嘉義縣營參事洪志高乃發起募捐，在東山創建了碧軒寺，並把碧雲寺俗稱「正二媽」的觀音佛祖迎來暫奉，後來「正二媽」成了碧軒寺的開廟神祇，兩廟因而建立了相當深厚的關係，每年年底前，碧軒寺要恭送「正二媽」回被稱爲祖家（並非祖廟）的火山碧雲寺過年，正月初十，再浩浩蕩蕩地將佛祖迎請回東山。

●臘月送佛祖回家

東山碧軒寺與火山碧雲寺每年一度的恭送與迎請佛祖的活動，除了緣起的理由特殊，更重要的是它是台灣少數僅存的長程徒步迎神活動，規模雖不能與動員數千人的大甲媽祖南巡相比擬，迎神的路程也比不上來回長達四百公里的白沙屯媽祖進香活動，却是唯一翻山越嶺，走山路、穿田野、越河床，最富台灣早期進香活動原始風貌的迎神活動。

東山迎佛祖的完整儀式，包括農曆臘月廿三日的恭送返駕以及正月初十凌晨的迎請下山兩次活動。臘月底的恭送活動，由於家家戶戶都爲了準備過年而忙，要動員人手較不容易，每次約僅一、兩百人參加，規模雖小，卻也不失隆重。廿三日一大清早，碧雲寺便熱鬧而忙碌著，廟中的人忙著準備小轎，準備迎觀音佛祖登座，要跟隨上山的善信忙著準備馬草以及人要喝的水，其他不上山的人們，也紛紛把握最後的機會，持香膜拜向觀世音佛祖道別。

早上七點左右，送佛祖的隊伍便出發了，在鑼鼓及嗩吶的開道下，一行人一出廟門，便以急行軍的速度通過東山市街，進入東正村，直往白水溪走去，由於東山碧軒寺

▲東山鄉碧雲寺的觀音佛祖，每年都要回祖廟過年。

▼白水溪的河床上，許多神明等待迎接佛祖歸來。

到火山碧雲寺全程約五十公里，他們必須在黃昏之前將佛祖送回祖家，時間比迎佛祖時少了許多，除了趕在一大清早出發，沿途也都走直路而不繞境；再者，送佛祖的人力少，沒有辦法不斷的換轎班，不像迎佛祖時，走到半路才將小轎換成大轎，因此一出門，便直接用小轎，以應付後半段的爬山路程。

臘月的天氣，雖然相當嚴寒，但這一隊不停趕路的人們，卻漸漸忘了寒意，過了中午，原本包裹在人們身上的大衣、圍巾紛紛被脫了下來，午餐他們也不休息，邊走邊享用著沿途善信提供的便當、粽子或水果，直到過了樣仔坑，隊伍才停了下來，做短暫的休息，以便應付下一段完全上坡的山路。

從樣仔坑上山，最艱困的路段是六溪到碧雲寺段，這段陡直的上坡路，路面都是雜草叢生的登山小徑，空手登山都顯得困難，他們卻不是扛著神轎，就是挑著馬草，一路跌跌撞撞乃是司空見慣之事，然而，這一切跟信仰相比起來，顯然都是微不足道的！

冬天的黃昏要來得早些，午後四、五點左右，太陽就快要隱沒在遠遠的高山之後了，歷盡千辛萬苦的送佛祖隊伍終於爬上了最後的山坡，踏進碧雲寺的廟埕。碧雲寺當然也備了隆重的鐘鼓，恭迎佛祖回到祖家，虔誠的善男信女們擦乾了汗，匆匆去洗了把臉，又趕忙著點香膜拜，祈求佛祖賜給他一個充滿希望的年，賜給所有的善信闔家安樂。

●大年初十迎佛祖

過了喜氣熱鬧的年，不管什麼行業的人們，都總在初四或初五左右，便得回到工作崗位，但東山人卻把年假一直延伸到初十，迎佛祖回駕之後才肯面對新的一年。新年過後的迎請盛會，一方面大家都處於空閒之中，再者又因佛祖回廟，每年幾乎都動員了大部份的東山人參加，再加上來自台灣各地的進香客，偶而還會有一些來自日本的進香團前來共襄盛舉，每年總有數萬人，甚至號稱十萬人參加，場面相當壯觀。

迎佛祖當天零時，也就是農曆正月初九日午夜過後，碧雲寺的法師們要先在廟中誦經祈福，約在一點鐘左右，再將觀音佛祖請入小轎中，這時候廟前廟後，早已擠滿了手持着粗線香的隨香信徒們，廟前的廣場上，更有舞龍、舞獅或者布馬、跳鼓陣等等民俗藝陣輪流獻藝，喧囂的鑼鼓與吵雜的人聲隨著時間的愈晚，把氣氛烘托得更熱烈，午夜兩點過後，走在最前端的頭旗終於出發了，接着是來自各地的鑼鼓以及神轎，在滿山遍野的喧鬧中依序前進，每頂轎前轎後，都有許多隨香的信徒，他們持香跟隨，更有人手上或持着鐮刀，或挑着馬車，或者拿把新掃帚。持鐮刀是爲了幫忙開路，肩上挑的馬草是諸神座騎的糧食，新掃帚是替諸神掃路開道，每個人的方式雖不同，但向佛祖表示虔敬的心情卻是完全一樣的。

迎神隊伍離開碧雲寺不久，便轉入一條卵石山路中，這條相當陡的下坡山路，本就不好走，且又在完全沒有路燈的山路中，路旁密鬱的樹林更把微許的月光遮得透不下來，信徒們只得靠着手電筒前進，但一不小心，踩滑了碗粒大的鵝卵石，仍可能摔得人仰馬翻，儘管如此，隨香的信徒中卻有泰半是五、六十歲的老年人，他們從年輕時，年年送佛祖下山，從不肯缺席，民間信仰的偉大力量在這裡又獲得一次見證。

這支在黑夜中行進的浩大隊伍，就在關仔嶺崎嶇多彎、罕無人跡的山路中打轉一個多鐘頭，終於見到了第一間房舍，雖然只是山下菓農搭建的工寮，卻彷彿是座黑海中的燈塔般，讓行進中的人們無比興奮；大家好像突然充了電，隊伍再往前行，不久後終於遇到了幾戶人家，這幾戶人家竟也一夜沒睡，忙着準備各種點心及飲料，供那些翻過山，走過坎坷山路的進香客們充饑，此後的一路上，只要有人家，便有點心、飲料以及溫馨的情誼。

迎神隊伍陸續經過頂埔、六溪、檨仔坑、刺桐崎、竹圍、土庫，天亮時，大隊人馬已到了中洲，過了這個村庄之後，全都是平坦的道路，隊伍都在這裡休息，佛祖原爲適應山路所乘的小轎，也在這裡換來威風八面的大轎。附近村庄前來共襄盛舉的陣頭也紛紛前來會合，使得迎神的隊伍更浩大且更壯觀。

離開中洲，已經是早上八、九點以後的事了，迎神隊伍雖然一夜未眠，但每個人卻絲毫沒有倦意，新加入的八家將、宋江陣以及舞龍陣也沿途表演起來，吸引不少居民佇足觀看，當然所準備的點心以及飲料也更豐盛而多樣。

過了白河鎮與東山鄉交界的白水溪，迎神隊伍已經完成泰半的行程，用過午餐稍作休息之後，又有許多神轎與陣頭加入，蜿蜒的長龍更長了，此後直往牛埔，過了東正村，便進入東山市區了，這時的東山市街，早已萬人空巷，那些好奇的觀光客們，遠遠看了迎風招搖的頭旗，便高喊着：「來了！來了！」把滿懷的喜悅與歡迎之情表露無遺。

重回到人羣的每個陣頭以及神轎，免不了要熱烈地表演一番，如此四、五十個陣頭一一表演完後，每每又是夕陽開始西斜的時分了，那些扛轎或者隨香的信徒們，雖然已經十六、七個鐘頭沒有休息，臉上都寫滿了倦容，但也同時顯露出完成心願之後的滿意與欣慰。

●深厚情誼的尾聲

東山的迎佛祖活動，到把佛祖迎回廟中，雖告一段落，卻還沒結束，第二天開始，佛祖還得一一到境內的角頭廟出巡做客，前後長達約一個月的時間，而這段時間內，東山鄉民總隨着佛祖的駕臨，準備酒宴邀約好友共敍家常，被現代社會疏離得很遠很遠的情誼，在這個偏遠的山鄉，卻是見不到的，這當然也是佛祖的「庇佑」吧！

事實上，綜觀整個東山迎佛祖的活動，雖然它沒有太過特殊的儀式，且過去一直不受外界所重視，但也因此，使得這個活動還保留相當多的原始色彩，善男信女們整夜長途跋涉在崎嶇的山路中，除了表現出他們的毅力與精神，更重要的，當然是幾百年來，深植在人民心中的信仰力量。

——原載一九八九年二月號《華航雜誌》（英文刊出）

一九八九年二月十二日《民衆日報》鄉土版

萬炮飛天謝神恩

——鹽水蜂炮的源起傳說與現象

新年之後，最受矚目的便是元宵了，晚近在台灣，代表元宵意義的活動相當多，最熱鬧而狂烈的莫過於蜂炮，而鹽水，幾乎也成了蜂炮或者元宵的同義詞。

元宵之前，甚至早到年假剛結束，報紙上便充塞着各旅行社的「蜂炮之旅」廣告，而後愈近元宵，各種傳播媒體中，介紹蜂炮或者鹽水的文章也競相出現，直到一夜瘋狂之後，各報的社會新聞版上，仍免不了要大肆渲染一番蜂炮之夜的盛況。當然，那一夜射掉的數千萬元以及多少人被炸得皮開肉綻，被炸傷了眼睛，甚至是被扯壞了衣裳，都是蜂炮新聞中的重點。

這一切在外人的眼中，也許只是一個發燒而瘋狂的夜晚罷了，但在鹽水人的心目中，卻是他們的驕傲呢！

●曾因月津港而繁榮的鹽水

以今天的情況來看，這個與新營相鄰，人口僅三萬餘人的小鎮，跟台灣其他的鄉城並沒有太大的差異之處，陳舊的市街、蒼老的房舍都只能說明這個小鎮的衰頹落後以及人口的大量流失罷了。只是，在兩百年前，這個小鎮竟因臨倒風內海而擁有著名的月津港。因通商之利而換來繁盛的商業以及騷人墨客熱衷追逐「月津八景」，都是它曾有的榮耀與光彩。

在台灣的開拓史中，曾經萬商雲集的港市並不少，但總禁不起時間的煎熬，先後都褪了色，鹽水鎮自然也不例外，尤其是倒風內海日漸消失，月津港失去了港埠的功能，再也不能吸引往來福州、廈門與本地間的商賈，這不只使得這個曾經盛極一時的商業中心迅速瓦解，甚至連文物鼎盛的風光也不再現。

這個打擊就已夠鹽水一蹶不振了，誰知道又在清嘉慶年間，瘟疫流行於鹽水地區，人畜死亡無數，部份尚未被傳染的人大都也遠走他鄉，庄中僅餘一些孤苦無助的老人，眼看着這些人馬上也將遭到瘟神的毒手，無助的人們只得向庄頭的守護神關帝爺祈請幫助，果然獲得關帝爺首肯，指示將於元宵夜出巡，命境內善男信女於繞境所到之處燃放鞭炮，一方面爲關帝爺助威，同時也爲驅邪祛魔，沒想到此後地方終於平安無事，他遷的人們也紛紛回到故鄉，他們爲感謝神恩，乃依例於每年元宵恭迎關帝爺出巡，繞境時信徒們乃拚命燃放爆竹，以示感謝之意。這個故事，相傳便是「萬發齊發，變化無窮」的蜂炮由來。

日領末期，燃放爆竹雖曾因「皇民化運動」而被禁，但不少民族仍不甘屈服，改採偸放完了就走的方式四處偸放，維繫了這項特異而刺激的風俗。太平洋戰後的二十年間，鹽水的蜂炮不只漸漸恢復了昔時的舊觀，更遠超過許多；到了七〇年代初，報章媒體開始漸多報導這個瘋狂的元宵活動，遂使得「鹽水蜂炮」逐漸打開知名度，以至形成每年均吸引二、三十萬左右遊客共同狂熱的元宵盛會。

●蜂炮的另一個可能傳說

儘管普遍的傳說中，都將鹽水蜂炮的由來，附會於驅逐瘟疫而來，然而正月十五日用鞭炮炸神轎的習俗，卻不只存於鹽水而已，台東、玉里、宜蘭、北投、集集等地，過去或現今仍存的迎寒單爺活動中，也可見到類似的習俗，而這兩個活動有太多的類同之處，雖然沒有直接的證據證明彼此的關係；然而據個人的觀察，推斷早期的鹽水蜂炮，必然曾經受到「炸轎」習俗的影響。

民間俗信的寒單爺，爲財神之一，由於懼寒，每年元宵出巡時，信徒們得拚命往神爺身上投擲點燃的鞭炮，為他驅寒，而民間傳說更謂，鞭炮炸愈多，新的一年將愈發，因而猛炸寒單爺遂成某地方元宵節特殊的習俗。台東地區的炸寒單爺活動在八〇年代中期雖曾因治安的因素而停辦，到九〇年初又再恢復，且規模愈大，炸得愈兇。另外在台北的北投、大稻埕以及野柳等地，也有類似的「炸轎」活動，唯一的不同之處是用地方神祇的神像代替寒單爺，而不像台東地區的寒單爺是以赤膊著上身的人裝扮而成。

除了炸寒單爺，宜蘭五結的「走尪」以及基隆、玉里的炸龍、炸獅活動，和鹽水蜂炮猛炸神轎的施放方式有頗多類似處，尤其是「愈炸愈發」的觀念，與鹽水人的「愈放愈發」同出一轍，這種種類同與「巧合」之處，不僅令人想到，鹽水蜂炮的由來，除了瘟疫的傳說外，當跟元宵節炸寒單爺或炸龍的活動有相當密切的關係。

●為蜂炮投下許多金錢心血。

小小的鹽水鎮，每年都能吸引二、三十萬的遊客，憑的只是「蜂炮」而已。蜂炮到底是什麼樣的東西呢？又為什麼會有那麼大的魅力呢？

無論你是大人還是小孩，想必都玩過沖天炮吧！簡單的說，蜂炮只是炮心相連的許多沖天炮罷了。當初也不知道是誰想到用木條釘起木架，底部並以層層鐵絲繞成近似蜂巢的網狀，再插上數千甚至數萬支的沖天炮，並把每支炮心相連起來，只要點燃特別留

▲蜂炮發射，萬炮齊飛，場面相當壯觀。

▶數萬支沖天炮連串成蜂炮台。

下的炮心，轉眼之間，蜂架上的沖天炮立刻蜂擁而出，相當壯觀。

除了依上述基礎理論製作的蜂炮，鹽水人更費盡了巧思，設計各式各樣的外型，諸如城門、樓台、汽車、坦克或者其他模樣；在內容方面，除了傳統的沖天炮，更增加了火獅、火馬、連對炮等。這些種類不同的炮，再以特別設計的炮心連結方式相結合，燃放的效果當然也大不相同，著名的天女散花、龍鳳呈祥、空中美人、雙龍搶珠等方式，最能說明鹽水人爲蜂炮文化投注的精力與心血。

儘管傳說中，蜂炮的緣起乃因關帝君出巡繞境而來，但在元宵當天下午一點鐘左右，關帝君便開始出巡了，只是這次出巡的範圍以郊區爲主，來自台灣各地的旅人們誰也不會注意，他們千里迢迢而來，爲的是入夜之後一夜的絢爛。

關帝君的郊區繞境約在午后五時許結束，回廟稍事休息，人員用過晚餐，神轎加强鐵絲網保護之後，晚上七點鐘左右，關帝君終於要爲蜂炮而再度出巡了。

●火花照亮整個鹽水鎭

一、二十頂用鐵絲網團團圍住的神轎，在個個包裹得密不通風的轎夫扛抬下，逐漸走出武廟前廣場，而第一頂轎還沒通過廟前圳溝的小橋，第一座蜂炮便開始燃放起來，「咻咻」不已的蜂炮聲不只揭開了這個火樹銀花之夜的序幕，也掀起了觀衆們熱烈高亢的心情，大多數的觀眾還想探前去「身歷其境」一番，誰知道猛不防，身邊的那座炮台也開始燃放起來，數萬隻如箭一般的蜂炮四處亂飛，打得人們走避不及，只得嘶聲亂吼，哇哇大叫，一大堆人忙亂成一團。這種情形正是最容易發生意外的時候，唯有冷靜看清發射點，設法移位躲開，才是自保之道。

在鹽水蜂炮的「神話」中，只要虔誠淨身，不見刺（喪家）、不見紅（婦女經期）的人，是不會被蜂炮螫到的，如果仍是被蜂炮螫到者，必是做了虧心事……如此的「神話」，也許只能出現在昔時的社會中，近來，有那一個在蜂炮現場中的人們，不曾被蜂炮打傷的呢？

幸好蜂炮只是用沖天炮製成的，爆炸力不大，危險性較低；而每每萬發齊放時，五顏六色的火光把整個鹽水鎮照得絢爛奪目，天空中更是一片火樹銀花，再加上煙火漫天，神轎在萬千人羣中忽進忽退，神勇無比，鼻息中聞到的是濃濃的煙硝味，這種種景致構成的，正是壯麗動人的蜂炮之夜啊！

鑑於近年來因觀蜂炮而受傷的民眾日益增加，當地的政府機關，也曾特別把幾門較大、較壯觀的炮城置於鹽水國中與鹽水國小內，主要的目的是希望遊客們待在學校的操場中便可過過癮，只是，這個「善意的安排」效用並不大，當關帝爺的神轎沿著歷年的老路線，循中正路、朝琴路、恆昌路、橋南路、西門路、三福路、康樂街前進時，成千上萬的羣衆們，却寧願擠在人山人海中，耳中聽著來自四面八方的咻咻蜂炮聲，身體得隨時防著突然蟄來的蜂炮，但每每一道五彩光譜，或是一幕火光瀑布，都是最動人心靈的神奇光景啊！

也許，看過蜂炮的人會大叫吃不消，但第二年却仍勇敢報到，沒去看過的人，總想問鹽水蜂炮何以迷人，答案應該只是：因爲它是隨時都可能向你射來的蜂炮！

——原載一九八八年三月十三日，《時報周刊》524期

添新丁、分喜氣

——台灣地區分「新丁餅」的習俗

中國自古以來是個重男輕女的民族，成因顯然與農業社會需要大量生產力有關。任何家庭只要添了一個男丁，不到幾年後便增添了一分勞力，也等於添了一份財富，而女孩雖然在未出嫁時，同樣可以幫忙做一些家務，但不能直接下田生產，再者成年之後終究要嫁出去，這種種現實的條件，自然而然地使得重男輕女的觀念在傳統社會中歷久不衰。

台灣的漢人，大都移民自中國，不僅帶來了許多傳統文化，同時也引進了不少舊有的觀念，「重男輕女」自是其中一項。事實上，開拓時期的台灣，人丁的單薄以及土地的荒蕪，實在需要大量的勞力，而在舊時男丁幾成勞力同意詞的情況下，「重男輕女」的觀念更是堅不可破，台灣歷史上無數養女的悲劇命運便因此而生。

舊時「重男輕女」的觀念，不僅表現在生活上，也明顯地映照在傳統民俗風情中，至今在各地仍有一定地位的分「新丁粄（餅）」習俗，正是個典型重男輕女的舊俗。

●東勢的新丁粄

台中縣的東勢鎮，是台灣中部客家人最主要的根據地，這個自然景致優美迷人的山城，爲清中葉以後，台中海岸地帶與台中盆地客家民族最後的避秦之地，這些長久移墾漂泊的客家人，在不斷被同化、被驅離的過程中，顯然深刻體認到母文化的莊嚴與重要性，因而一直固守着最傳統的客家文化，並且堅持到今天。

每年元宵時節，東勢鎮上南平、東安、北興和中寧四里人民競相製作、熱衷競賽的「新丁粄」，便是一個由舊社會傳襲到現代的古老習俗。

「粄」乃是客家人稱糯米做成糕點的名稱，「新丁」則指家中新添的男丁，說明「新丁粄」實爲慶賀新添男丁的糯米黏糕，東勢人不僅在每年元宵時節製作新丁粄，更熱衷於「鬥粄」，也就是賽「新丁粄」。

「鬥粄」雖沒有神奇的源起傳說，也缺少確切的文獻可考，然而據老輩表示：「『新丁粄』比賽由來已久，主要是叩謝伯公添丁賜福之意，參加的人，依例繳納會費做爲公賞賞金，會員中是年添丁或家中新婚者，需製作紅龜粄給所有會員分享，凡是米粄做得最大、最重者，由公賞發給賞金嘉許，其他會員則依交情之深淺，賞給奉敬者或多

▲東勢的新丁粄，競爭相當激烈。

▶永康的新丁餅，也擴及六十歲以上的老人。

或少的賞金，以壯其志，由於此等公賞、私賞金俱豐，又可名揚一時，因此參加者皆越做越大，深恐他人搶去頭采。」（《山城週刊》一九八一．二．廿三）

新丁粄的源起，顯然最初是希望將喜氣與共同信仰的父老鄉親們分享，擇定每年元宵為期，則為承襲新春的歡樂，同時也因此時，大家都還沒正式工作，比較有時間在家裡「打粄」。只要在去年元宵之後至今年元宵之前添喜的人家，都可以到伯公（土地公）前表示自己的謝意和將喜氣與大家分享的誠意，後因人們爭出鋒頭的心理，紅龜粄愈做愈大，遂演變為正式的比賽，而成一項特殊的元宵風俗。

以家為單位製作、數量又近百個的紅龜粄，每個的重量雖達不上百斤或千斤，但就在幾十斤間，個人量財力、較面子地一心想奪魁，因而每年一到元月十三日以後，有心競爭的人家都開始神秘兮兮起來，不僅家中門窗緊閉，不讓一絲消息外漏，甚至連製粄用的糯米都不在鎮上買，以免洩了底牌，可見競爭激烈的程度。

到了元宵當天，製作新丁粄的人家才把精心製作的成果，抬到比賽的廟中，這時往往發覺大的粄甚至要兩人合抱，這麼輝煌的成績，自然引起最多的人圍觀，大家指指點點，有些人看得高興，當場就掏出賞金，一個晚上下來，一個個的紅包袋總掛滿新丁粄的四周，賞得主人們樂得合不攏嘴。

新丁粄眞正的大小，還是要用秤的以求公平，有時候差別只在幾兩間，不服輸的人家趕緊在紅龜下補上一塊新糕，稱作「補屁股」，當然得不被評審人員發覺才算數。

隨著時代的進步，賽新丁粄的習俗也做了許多修正，過去添丁人家家家自己做粄的現象，已經很少見到了，這份工作如今已落到大橋下附近和太子廟邊兩戶專門做粄糕的商人身上，這商家同時接受許多主人的委託，口頭上不說什麼人做多少斤餅，也只不過是形式上的保密罷了，補屁股的小動作是不可能再見到了，甚至連秤都免了，粄送到廟裡，誰的幾斤也就一目了然了。

每年賽新丁粄的地點，分別在每個里的角頭廟，南平里在太子廟及福安祠，東安里在永安宮，北興里爲雙福祠，中寧里選在巧聖仙師廟，廟與廟間相隔並不遠，元宵當夜，吃過晚飯之後，不僅鎭上的居民手提着燈籠，忙着往返各廟一瞧誰家的粄做得最大，更吸引許多外來觀光客們的好奇，看完這座廟，還急着想看另一座廟的新丁粄是多還少，是大或小，如此來來往往的人潮，帶動着歡樂喜氣的氣氛，把山城東勢的元宵點粧得更動人、更美麗。

如此生動的新丁粄之夜，一直持續到夜裡十點以後，各廟的主事者拿出「福份簿」，開始按照參加福份的名册，一一點名發給他們新丁粄，如果今年有五人參賽，一個福份就可以得到五種大小不同的餅，經常要人不勝其重地扛着回家，而每個人在這甜蜜的負擔人，自然全都是滿心喜悅的！

●永康的新丁餅

台南縣的永康鄉，是台灣開發最早的地區之一，漢人入墾之前，便有許多西拉雅族人的墾跡，鄭成功率衆光復台灣以後，永康、新化地區正是鄭軍的屯營之地，淸領之初，此地已完全成爲閩籍人士的天下。

由於永康地處早期台灣門戶的平壤上，漢人的開拓相當的早，又因地緣及移民的不同，鄉境內很明顯地分爲數個信仰區，西勢村一帶的西勢、新莊仔、番薯厝和隔鄰新化鎭的崙仔頂，都同屬廣興宮的信仰圈。主祀謝府元帥的廣興宮，規模雖不算大，但歷史悠久，深得善男信女們的敬祀，一直到今天，都還維持著數百個「福份」。

所謂「福份」，乃是指願意參與寺廟祭祀、活動的基本人員，這些人自願登記爲寺廟的福份，每年一定的時間，要繳納「福份錢」充作寺廟基金。參加者都是自願的，且以個人爲單位，一個家庭有十個人，可以參加十個福份，也可以只參加一份，有些地方或稱爲「丁口錢」，丁是指男丁，口則是指張口吃飯的女生。

嚴格說來，「福份」不僅是維持寺廟運作最基本且固定的經費來源，同時它也是早期人們社交的重要管道，人們可以藉著共同參與和祭祀的機會，結交一些朋友或者傳播、吸收一些經驗與知識，這點在傳統社會中，顯然具有相當地重要性。

台灣晚近百年來，社會結構大幅改變，傳統的生活形態首當其衝產生激烈的變革，許多寺廟雖還維持着「福份」或「丁口」的組織，但所能發揮的功能卻相當有限。

台南永康西勢的廣興宮，不僅至今仍維持着良好的「福份」組織，每年農曆的一月廿日，更有一項參加福份才有份的分「新丁餅」活動，熱熱鬧鬧地在當地展開。永康的「新丁餅」，並不同於東勢「新丁粄」的「紅龜粄」，而是一種用水果、糖膏作餡的麵粉製煎餅，也稱「幸餅」、「朊餅」或水果餅，分大小兩種，大者一斤，小的半斤，至於做大餅還是小餅，則依個人在神前許的願決定，當然也得考量家庭的經濟能力才行。

這項相傳已有百餘年歷史的分「新丁餅」習俗，同樣是由喜獲麟兒的人家製作，近年來重男輕女的觀念稍改，有些人家不管是男是女，第一次得子或添孫，也都興沖沖地做餅讓大家共享喜氣，當然對象還是限於參加福份者，如果一家參加三個福份，就可以得到三塊餅，如果過去一年，共有五個福份人家新添男丁，就可以得到十五塊餅，可眞是大豐收哩！

添丁送餅的人家，在每年一月二十日早上，先要挑一些餅及餅頭，並將孩子一併抱到廟中，先行祭神表示謝意，吃過午飯之後，才用竹籃子裝着水果餅，依照名冊分送給福份人家。不過近些年，不知是交通工具發達了，還是人懶了，舊時挑籃子送餅的景象已不可見，大家都改成用機車或汽車載運，送到固定的地點集合之後，再正式開始分送。有趣的是，雖然同屬廣興宮的轄區，但西勢、新莊仔和番薯厝三個聚落，採取挨家挨戶分送的方式，一水之隔的新化崙仔頂，卻只集中在固定地方，由參與福份的人家自行來領取。

廣興宮的「新丁餅」風俗，還有一點相當特殊的就是送「老大餅」，這種餅乃是分贈給境內六十歲以上的老人，無論他參加福份與否，這顯然是一種相當可貴的敬老習俗，同時也映現出現今社會中還有的溫厚人情。

●左營的「添丁粿」

高雄市的左營區，在台灣的開發史上也佔有相當重要的地位。清代初領台灣時，設台灣府及台灣、諸羅、鳳山三縣，其中鳳山縣治便設在左營，最初只築了一座象徵性的土堡，清康熙六十（西元一七二一）年，朱一貴起事，輕而易舉地佔領了鳳山縣治，事件之後，爲了確保縣治的安全，縣長劉光泗乃求助南路統領劉烱倫，請求派兵協助興建了一座長八百一十丈，高一丈三尺的土城，城外還挖有一道一丈寬的護城壕，並加植莿竹，以增强防衞力。後來這座土城雖又毀於乾隆五十一（西元一七八六）年的林爽文事件，縣治也遷往現今的鳳山，但到了清嘉慶十一年，鳳山新城毀於海盜蔡牽事件，縣治又遷回左營，並由官民合作重建舊城，爲求堅固，主體結構全部採硓砧石，用糯米漿、黑糖和牡蠣粉混成的黏劑固定，全部工程花了一年多才完成，周圍全長一千兩百二十四丈，設有鳳儀、奠海、啟文、拱辰四門。

重建後的左營舊城，雖然沒再遭遇重大的兵燹或浩劫，但歷經了一百六、七十年歲月的摧殘，如今僅剩的也都殘破不堪了，比較完整的北門附近，又曾在蘇南成的指使下，被怪手挖掉了一大段，受傷相當慘重，而門外的拱辰井以及鎭福社土地公廟，原本三足鼎立關係密切，可惜井已被蓋上大鐵蓋，被車撞毀的土地公廟，雖經重修，但香火已被遷往右側新蓋的大廟中，原本台地僅存看守城門的土地公，也蛻變爲當地埤仔頭一帶居民的角頭廟。

每年中秋時節，鎭福廟也有一項分「添丁粿」的習俗，鎭福廟的添丁粿，原都是指用糯米做的紅龜粿，在過去一年間，若有添丁的福份總人家，都要製作同福份量的添丁粿，早上先送到廟中祭拜土地公，並請廟中的道士巡視灑淨後，過了午後，再由廟方人員依照參加福份的名册，挨家挨戶的分餅到家。

由於鎭福廟下轄兩個里，範圍相當大，參加福份的人口也多達數百份，製作添丁粿的花費相當可觀，有些能力較不足的人家，或用麵龜代替，或用海綿麵包充數，儘管如此，大家也不計較，心意到了最重要。

●把好餅頭留給自己

事實上，分新丁餅的習俗，在傳統的社會中，本是一件相當盛行的活動，即使直到今天，除了上述三地，還有其他許多地方仍保持著這項舊俗，差別也許只在時間的不同，餅的大小或者分送的方式而已，但無論各地怎麼送餅，卻必然都會把最大或最特殊的一塊餅——俗稱「餅頭」，留給自己帶回家，讓好餅頭給全家人共享，這點彷彿也在映現著一個社會中，家人與社羣的比重關係。

以現代社會的眼光來看，分「新丁餅」也許眞是一項過時的舊俗，但它卻也反應了農業社會時代人民之間緊密的關係，而這種親密的關係，不僅維繫了基本的社會倫常，更是社會進步最大的觸媒。

現代社會雖用大量的科技與機械，維持著整個社會的運作，但也正因爲太過於依賴一成不變的機器，使得現代人逐漸習慣於只講求結果，卻不重過程的毛病，因而人與人之間的溝通少了，距離遠了。失去了人情世故的環境，自然是要令我們感覺一年味道淡過一年的！

談著談著，總不免令我們感嘆，現代人在急速拋棄舊社會的包袱時，難道眞不能保留一些溫厚美好的人情世故嗎？

——原載一九九一年二月廿五日《民衆日報》台灣風土月報

春風正好賽筶鴿

——台南學甲地區年度村際筶鴿大賽

剛過了熱鬧繽紛的正月天，二月祭過土地公，田裏的第一期稻作也插了秧，似乎就沒什麼特別的事可忙了，在這個乍暖還冷的季節，連草木都顯得懶慵慵的，眞教人不知該如何提起勁來做些什麼事才好。

就在這樣一個春風駘蕩的小農閒期裏，台南縣學甲至鹽水一帶的農村，却為一年一度的「筶鴿」大賽而熱絡起來，那些剛爲這季甜玉米的收成煩惱或憂心過的人們，隨著賽鴿日期的逼近，臉上也逐漸展開期待而興奮的笑容，直到一個多月後分出勝負，在鴿友們歡聚的晚宴或者歌舞晚會中，才會完全收起，等待明年的另一個盛會。

●村際年度大對決

所謂的「筶鴿賽」，是指一種鴿子負「筶」放飛的比賽，「筶」是由兩個大小不一的圓錐體組成，圓錐體底下有一竹篾可固定在鴿背上，圓錐體頂層，則是由梧桐木削成的兩個連底三角形的座，座的最上方留有兩個小孔，吹氣時可發出「嗡嗡」的聲音；參加比賽的鴿子，就是揹著這種漆成紅色的「箏」飛行的。

賽箏鴿完全是村與村之間的較勁，比賽大約從農曆二月十日開始舉行。比賽之初，由兩個村庄提供相對數目的「箏」，總和大約是一百個，一天由甲村的鴿子揹著箏到乙村放飛，另一天則由乙村的鴿子揹到甲村放飛，而兩村之間設有一天然的分界線，如防風林、乾溝或水道等，揹箏的鴿子只要飛過界線，便算成功，否則鴿子可被拾獲的人留做紀念，但鴿背上的箏則要送回給鴿主。此外，比賽是以「箏」爲定數，並不限多少鴿子參加，只要在早上九點至中午十二點間，把所有的箏揹走便不算落敗，因此只要鴿子耐飛，用七、八十隻鴿子對決一百隻鴿子的情形也經常發生。

鴿子揹負的箏，也有大小之分，剛開始比賽時，都選用六寸八分的箏，如果雙方都能在規定的時間內揹回自己的村子裏，隔天就再加兩分，直到有一村的鴿子揹不回箏爲止，因此整個賽期往往長達一個多月，而歷年來最高的揹箏紀錄是九寸二分，這麼大的箏，體積甚至比鴿子還大呢！

要一般的鴿子揹負個龐然大物飛行，必須經過長期的訓練，訓練時除須利用北風強勁的時候，訓練牠們的背負能力，平時更得經常訓練體能。背箏的鴿子以體型高大，肩骨寬闊的菜鴿為宜。當菜鴿出生一個半月左右，便施揹笭訓練，剛開始從兩、三寸的「笭」揹起，然後再慢慢地增大尺寸，到了比賽前一、兩個月，除加緊訓練外，鴿子的食物中，更添了許多營養料，尤其是具有冠軍相的鴿子，飼主往往以人參精等補品餵食，以期爭取到最好的成績。

每年過了元宵，台南縣學甲、鹽水和嘉義縣義竹三鄉鎮的農民們就顯得特別忙碌，一方面得下田將熟透的甜玉米或大蒜採收曬乾，或者忙著播種第一期稻作，同時，笭鴿的訓練更進入緊鑼密鼓的階段。每天一大早，他們把鴿子掛上笭（笭掛在鴿背上，笭底的竹篾可穿在尾翼，底下再套上竹鞘便成），放飛之後，到田裏忙上個把鐘頭，又得回到鴿舍，把飛累的鴿子趕飛，然後再回到田裏，如此大約得兩頭跑上五、六回，傍晚時分，鴿子背上的笭才能卸下來。

愈是接近比賽的時候，負責統籌比賽事宜的笭鴿公會會長，也往養鴿人家跑得愈勤，目的當然是想了解自己有多少戰將，能有幾分致勝的把握；此外，還得到對方的村子探探虛實。雖然在賽前，村與村之間都想隱藏起實力，不過賽笭鴿已有六、七十年的歷史了，而且互賽的村庄幾乎都是固定的，總是學甲鎮西坪寮單挑鹽水鎮大埔里；學甲紅茄對頂洲；學甲寮對宅港；新芳戰二港仔……，所有比賽的村庄，都在學甲至鹽水的十九號省道附近，因此內行人只要到村裏繞一圈，對方的實力也差不多就摸清楚了，儘

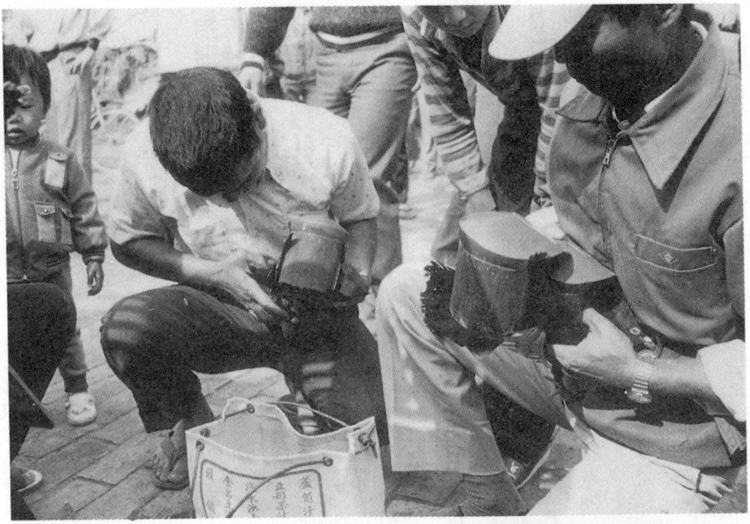

▲用梧桐木製成的筶，是競賽的主角。

▶製鴿筶的陳水成，是頂尖的藝師。

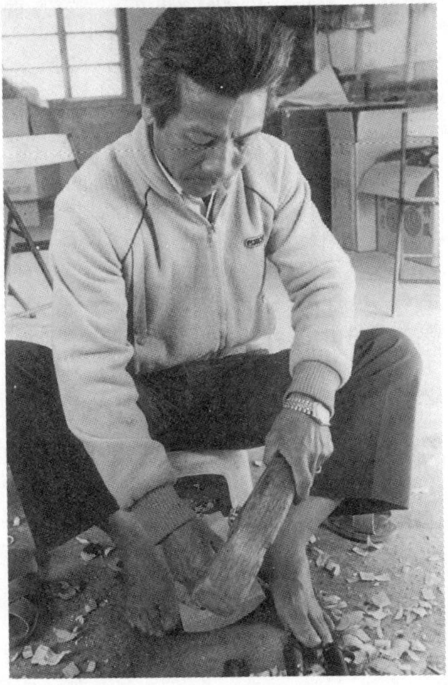

管如此，但非到最後的決賽，誰都不敢輕易斷言冠軍落誰家。

●勝者爲王，敗者下酒菜

想要有好成績，準備好鴿笭也是一項重要的工作。鴿笭是用柚木及梧桐削成的薄三角形木片製成，相當脆弱，每年比賽下來，往往有一半已經破損，如果只是小小的裂縫，還可用强力膠、樹脂或膠帶自行黏補，但破損得厲害的，便得趕在賽鴿季前，請師傅加工趕製：目前這一帶製作鴿笭的師傅約有三、四位，其中以鹽水鎮下林里的陳水成聲名最響，製作的笭造型最美，因而生意終年不絕，每年總要製作上千個左右。

當菜鴿訓練得差不多，各種尺寸的笭也準備齊了，賽笭鴿的季節也終於到了。賽前由兩村抽籤決定那一村先放飛，便依序一日甲村，一日乙村，除遇狂風暴雨，否則每天都於議定的時間（早上九點或九點半）準時舉行。初賽的前幾天，由於每隻鴿子都經過長期的訓練，六、七寸的笭自然難不倒牠們，不過仍有些小孩子會拿著網子或者竹竿，準備隨時捕捉飛不過界的「菜鴿」，別以爲他們將一無所獲，就是有一些鴿主掛笭時大意掛歪了，致使鴿子無法展翅，飛不過兩間農舍，便歪歪斜斜地撞倒在樹叢中，如此非戰之罪的鴿子，落在看熱鬧的觀衆手裏，便成了他帶回家做紀念的戰利品。

比賽進入中末期以後，鴿子揹的笭愈大，墜地的比例也愈高，帶著網繩來看熱鬧的人更多了，他們往往騎著脚踏車或機車，緊跟著負重飛行的鴿子，只要發覺任何一隻嘴巴微張、搖搖晃晃的鴿子降落在屋頂、草叢或防風林中，便立刻有一批人從四面八方趕去，用各種工具捕捉，直到落入某人手裏爲止。這種追逐、搶奪雖激烈，但大家都知道以不傷和氣爲原則，因而也爲這項特殊的筓鴿賽，更添無限熱鬧的氣氛與風采。

落入觀衆手中的鴿子，除了要將筓還給原飼主，鴿子則是屬於新主人的，原飼主若想討回，只得等到比賽結束後，到場地固定的拍賣地點，以一隻一百元或更高的價錢買回。不過一般說來，飼主對這些敗軍之將，大都不是因眷顧而出錢買下牠們，往往只是想殺來下酒罷了，勝敗之間，命運實是天壤兩極啊！

●今年賽後待明年

比賽到了尾期，雙方議定好結束的日子，再以那天的成績定勝負。譬如決賽前一天，筓已揹至九寸二分，那麼決賽便使用九寸四分的筓，如果雙方都揹不過莊，就算平手；若甲村揹回五隻，乙村揹回三隻，則爲甲村獲勝；如果兩村都把所有的筓揹過界，也算平手，待明年再增二分進行決賽，以決雌雄。

熱熱鬧鬧的筓鴿賽終於結束了，勝利的一方除了博得觀衆們的口頭讚許外，筓鴿會的會長也許還花了一點錢，做了面錦旗相贈，並沒有任何其他實質利益；他們並不利用笭鴿賭錢，也不會引起什麼糾紛，大家見了面總是笑哈哈的，輸與贏之間的種種，往往就在賽後大家歡聚的宴席或者康樂晚會中，化爲團結與祥和。

學甲等地區的笭鴿賽，雖然費時頗長，但這段時間正是小農閒期，即使眞有事要忙，一大清早到九點鐘以前和下午的時光也足夠了，對農事的影響並不大。他們在競賽的過程中，不只將其視爲最好的娛樂，更使得村與村之間的感情，如蜜糖般的甜蜜起來，而這種祥和與溫情，也正是促使這些地方人們，一年比一年熱衷於笭鴿賽的原因！

——原載一九八七年四月十六日，《翡翠雙週刊》155期

遠來的媽祖會鎮災

——台北文山地區的五年迎媽祖盛會

清中葉之前，台北縣的文山區原包括：景美、木柵、深坑、石碇、新店、坪林、烏來等鄉鎮，當時這一帶仍屬未開發的地區，只有少數漢人前來墾地種茶；晚清時，茶成了北台灣最重要的產業，墾拓的面積益廣，文山區才有漸多的漢人入墾，尤其是臨近台北盆地的幾個地區，如景美、木柵、新店等地，雖仍被石牌、北投、淡水等地的居民視爲「內山」，但已處處可見漢人的足跡，平野各處稻禾葱綠，丘陵淺山則遍種茶樹，新興的市集交易熱絡，居住在這些地區的人們，大都過著安居樂業的生活。

●胼手胝足的歲月

同屬文山區，位處深山峻嶺間的石碇、深坑、坪林等地，由於交通不便、土地貧瘠，前來墾植的漢人少，作業的收成更不理想，且常遭天災蟲害，致千里迢迢來到此墾荒闢地的移民，雖日日早出晚歸，胼手胝足地種茶育稻，却經常寅吃卯糧，生活本就較爲困苦。沒想到有一年，竟遭蝗蟲肆虐，成羣而來的蝗蟲遮蔽了天日，等這些可惡的害蟲過境之後，原本蒼綠的山頭焦黃一片，居民辛辛苦苦栽育的作物毀於一旦，不少人眼見這幅慘境，都忍不住紅了眼睛，但却沒有任何人能給他們什麼幫助，有些人只得捨棄辛苦奮鬥的成績，搬到其他地區另創家業，有些人甚至徹底絕了望，回到唐山大陸去了，留下的都是一些不甘半途而廢的人，他們咬緊牙關，決心再把家園塗上翠綠的色彩。

嘗盡天災人禍的「內山」茶農，雖有決心重新把家園恢復原有的色彩，但長久以來的荒旱之苦，使他們失去了應有的信心，不少人自怨自艾地過日子，對未來實在一點把握都沒有，然而，光是抱怨、嘆息，一點都不能解決問題，比較積極的人也就開始想辦法，至少，他們希望能夠找到足以依靠的精神支柱。

在那個教育不普及、民智未開的世代裏，人們的失意、徬徨，最能傾吐的對象便是神明了。果然，有位住在石碇鄉永安村的村民決意要請媽祖娘娘前來鎮災，以祈求大地早日恢復顏色，這個議案一提出後，村民們馬上就同意了，並出錢出力地去請北部最靈驗的關渡媽祖前來「瘟庄」（祈繞境袪災之意）。說也奇怪，自從關渡媽祖「瘟庄」過的地區，作物很快地恢復生機，而且收成也較過去豐盛，其他村里眼見媽祖的「神

▲迎神隊伍繞行山區，相傳可逐蝗災。

▼輪迎到坪林市街時，場面最爲熱鬧。

靈」，乃紛紛仿效起來，流傳至今，便成了文山偏遠地區特有的民俗。

文山偏遠地區的媽祖「瘟庄」，並非每年都舉辦，而是每隔五年才從關渡請媽祖來，其餘時間只舉行小規模的祭典而已。根據老一輩人的說法，每隔五年才請媽祖前來，主因這些地區素來貧困，根本沒有能力每年舉辦，居民們擲筊請示媽祖後，決定每五年請媽祖前來繞境。

除了媽祖外，他們也從台北市六張犁的「石泉岩」請來清水祖師。這座老廟，建於清道光年間，當時文山地區居民來往台北的唯一孔道，就在廟旁，他們挑著一擔擔的茶葉，來到台北盆地換取米糧、衣服、日用品，再一擔擔地挑回山裏，「石泉岩」正是中途歇脚之處，廟裏供奉的清水祖師，自然成了他們信奉的主神，因而每逢請媽祖的同時，必定也同時迎奉清水祖師。

●一山熱鬧過一山

每逢歲次丁、壬年，是文山地區迎請媽祖的年份，在那一年，過了熱鬧繽紛的正月，北宜公路上的山櫻開得正鬧的時候，各村各里的居民也都爲迎請媽祖而忙碌、興奮起來，一方面忙著邀宴親友，一方面得準備殺大豬、宰大雞，迎神前一天，神明會的兄弟們便先到關渡與六張犁分別請來媽祖與清水祖師，安奉在村中的廟裏或神明會的壇中，第二天清晨，附近村里的各式陣頭便鑼鼓喧天一路熱鬧而來，共襄迎媽祖的盛舉。等所有的陣頭到齊，編整好隊伍，為期一天的繞境活動便馬上開始，村裏二、三十歲的年輕男子，或參與陣頭，或抬著神轎，熱熱鬧鬧地繞庄而去。

雖然戰後的文山區，交通已大幅改善，尤其是產業道路的開闢，對作物的產運更有絕大的幫助，但無論道路闢建得如何完備，山仍然是山，迎神繞境的隊伍要繞完全村，往往得攀山越嶺，有時候走了一個多鐘頭，竟沒有一戶人家，路旁盡是蒼綠的茶園，迎神隊伍穿梭其間，倒也眞符合祈求農作物豐收的原意了。翡翠水庫完工後，有些村莊位處淹沒區的邊緣，使得這項已有百餘年歷史的迎神賽會，除了步行，還得搭乘渡輪，更增添了它的新鮮感。

規模並不算大的迎神隊伍，上上下下，爬山涉水地繞過全村後，大約在午後回到村子裏的神壇中，這時候小小的山村，早已擺滿了村民們虔誠敬獻的神豬及五牲祭品，廟前臨時搭起的戲台，也上演著歌仔戲或者布袋戲，熱鬧喧嘩的各式陣頭，當然也免不了要表演一番，為這些平素寂寞、寧靜的山村帶來喜氣與生機。

從傳說中蝗蟲成災的那個時代開始，這些地區的迎神賽會便是每村個別舉行，一直流傳到今天，也同樣是分別舉行。從農曆二月初六的石碇永安村開始，接著有二月十二日的坪林石𥕢村以及其他各村里，如此一村迎過一村、一山熱鬧過一山，一直要到五月廿九日，迎到坪林的九芎林，這項特別的盛會才全部結束。儘管這些都只能算是山村小事，但無論是起源的傳說，或者是整個活動的精神，非但強烈地透露出溫馨感與人情味，更不斷地提醒每一個當地的後世子孫，先民們在最困苦的時代，是如何忍受一切挫折與失敗，千辛萬苦地開創出這片美麗的家園……。

也許，這不該只是一個迎神賽會的故事，而是台灣開拓史上的一個動人傳說。

——原載一九八七年三月廿六日，《翡翠》雙周刊154期

我們有信仰，卻不謁祖

——大甲媽祖進香的隨想與爭執風波探究

暮春三月，正是鶯飛草長，春意怡人的季節。

對於世世代代，都以務農維生的台灣人來說，這個季節正是剛插完秧、除過草，等待成熟的季節，農村呈現的是一幅悠閒的景象，農民們除了日常巡水田外，並沒有特殊的事要忙，許多人便利用這段短暫的空檔，到廟裡進香，祈求一年的豐收。而許多神明壽誕，更集中在這段期間，因而每年新年之後，一直到農曆三、四月間，都是各廟宇香火最盛的時期，更可謂是台灣民俗廟會的高潮期。

台灣的居民大都來自中國大陸，各種信仰、民俗當然也源自於中國舊俗，但因地理環境及生活條件的不同，許多民俗信仰在現實的條件下，有了許多改變；只是俗信中在神明誕辰當天回祖廟進香的習俗卻一直不改。而在台地各種神明回祖廟謁祖的儀式中，大甲媽祖於每年三月，徒步八天七夜，走過三百里路到北港進香或到新港南巡的活動，應該是最突出、且最能表現宗教信仰龐大力量的盛會了。

第一部份／舊觀

每年的大甲媽祖進香活動，都是在農曆三月十日前後，擇定某日的午夜零時，在大甲鎮瀾宮起駕。而早在這以前的好幾天，鎮瀾宮前及大甲街頭便張掛起許多燈籠及旗幟，把素來平靜的景象打扮得熱鬧非凡。到了進香前一天，來自全台各地的信徒們均陸續湧進鎮瀾宮，過了中午，廟埕上也聚了不少人在看歌仔戲，從他們手上或背上的背包，可以肯定他們絕不只是來看熱鬧的，而是準備跟著媽祖到北港進香。

●陣頭

等到歌仔戲落幕時，連廟埕外的馬路上都擠滿了進香客，這時候，各種陣頭也紛紛登場了，先是「頭香」的獅陣和龍陣，接著是二、三香以及其他各單位的獅陣。所謂「頭香」，是指北港進香回程中，第一個向媽祖參拜進香的團體，可別以爲第一個進香有什麼了不起，那些信徒們爲了搶個頭香，讓媽祖第一個保佑他們，可得花上數十萬元的代價，還要製作花車，準備陣頭、彩燈以及沿途燃放的鞭炮、金紙等。

信徒們都深信媽祖神靈顯赫，不需附身乩童，因此所有的活動中都見不到乩童，倒

◀扮相怪異的「報馬仔」，一直都是引人注目的焦點。

▼壯大的進香隊伍，服飾鮮明，是大甲進香團最大的特色。

是有不少祈福求安的誦經團以及獅陣、龍陣。獅陣和龍陣的意義，都代表吉祥如意、風調雨順；據傳獅陣是玉皇大帝養的一頭白獅子溜到人間來玩，並且除惡助善，深得百姓敬愛，玉皇大帝發覺獅子溜到凡間，便派使者用火球將其召回，後來人間爲了紀念白獅，乃舞起獅子。除此之外，還有不少關於獅陣由來的傳說，不過大體上不脫神話或王親貴族的範疇，可見獅陣在民間的重要地位。至於龍陣，更是年俗慶典，祈求吉利的重要陣頭，相傳源自於古代一年的三次逐疫禮，第三次的大儺禮，係官府與人民聯合在鄉下舉行之禮儀，儀式是由四人打扮成神將，頭上束熊皮，身穿黑衣黑褲，臉部則塗成金黃色，再畫上四隻眼睛，手執單刀及籐牌，挨家挨戶驅逐疫鬼，後來這種習俗便漸漸的衍化成今天我們所見到的龍陣。

龍陣和獅陣之外，最引人注目的莫過於在隊伍前開路闢道的「報馬仔」了。報馬仔並不是一個隊伍，而是由一個人扮演，這個人戴著副老花眼鏡，黏著假鬍子，臉上還故意畫上一些皺紋，肩上扛著一把旱烟管當扁擔，上面掛著一個烟袋、紙傘，以及代表長生肉的豬蹄，代表長生菜的韮菜等。當然，最重要的還是一面鑼，他必須邊走邊敲鑼，沿途告知民衆進香團來了，有晾曬在外的內衣褲或不淨之物要立刻收起，同時也要人們準備香案，以迎接媽祖的到來。

民間的傳說，報馬仔的習俗源起自前清時代，當時交通不便，要有一個人在前探知路況以及通知民衆進香團何時到達，以便準備祭品；他的那身古裝打扮，據說便是當初報馬仔所穿的服飾呢！

如果，電子花車也算是陣頭的話，那麼它無疑是所有陣頭中最引人注目的了。電子花車的興起，雖不過是八〇年代初的事，然而它挾著聲光及女色的魅力，早已成了中、南部迎神賽會中不可或缺的重要陣頭。電子花車並不像其他陣頭，有其必要的意義或深遠的歷史，卻日益受到歡迎，唯一的理由當然只有女郎們暴露的穿著了，甚至還經常可依「請主」的意思，脫得一絲不掛呢！這樣的東西活躍在民間的廟會場合，說明了社會風氣的改變，更暴露了現代社會物慾橫流的傾向。

●傳說

台灣的民間宗教信仰，幾乎任何神祇的背後，總會有許許多多關於該神威靈顯赫或者救苦救難的傳說。不論這些傳說的眞假，就意義上來說，它可說是奠定人們堅信該神的基礎，台灣人對於不可知的世界往往都抱定了「寧可信其有」的態度，因此這些傳說的流傳都相當廣且快，流傳得愈快，相信的人也就愈多，因果循環下來，傳說的廣狹幾乎可跟信徒的多寡成正比，於是，每座廟都希望「創造」一些傳說以招徠信徒。

大甲媽祖當然也免不了會擁有一些傳說，這些傳說可以分為兩方面來說。一是關於媽祖本身的傳說，媽祖在台灣人的心目中，一直都是救苦救難的象徵，民間深信她曾經多次投草變木，救助過許多遭遇海難的人；前清時代，更流傳過戴萬生起兵，攻打至北港時，卻被城內豎起的「金精大將軍」和「水精大將軍」兩面大神幡嚇得不戰而退的「神蹟」。二次大戰期間，美軍的炸彈甚少炸到北港一帶，人們都相信是媽祖拉起裙裾在空中把炸彈接走了……。至於大甲媽祖至北港進香的傳說，也有許多種說法，一是大甲媽祖在每年春耕之前，原都必須回到湄洲祖廟進香，日人領台後，禁止人民回中國進香，大甲媽祖只得改向由湄洲分靈來的北港媽祖合火。另一種說法是大甲媽祖原來不甚靈驗，有一年突然決定到北港進香，結果就利用進香的機會偷偷跟北港媽祖掉了包，回到大甲後，媽祖立刻靈驗起來，後來北港人才發現眞相，要求換回媽祖，但大甲人不答應，最後協議大甲媽祖每年應徒步回北港進香，供北港人朝拜，不過這些都屬於北港人的說法。至於大甲人卻只相信到北港進香的理由是：前清時代，有一年大甲媽祖突然在元宵節大顯威靈，告訴子民們要在三月初到北港進香，希望每個人都去，有些人卻不肯理會，沒想到進香團一到北港，大甲竟然發生大地震，沒去的人大都被震死了，從此以後，大甲人每年都會在元宵節當天擲筊請示媽祖進香的日期。

當然，這些不同的傳說，完全出於本位主義，無論是大甲人或北港人，總希望藉著這些傳說來宣揚媽祖的威靈。而這些傳說可信的成分雖低，但對於一般民衆來說，卻是促使他們年復一年跟著大甲媽祖徒步八天七夜的最大力量啊！

●行伍

大甲進香團的行伍，可分爲四種隊伍，一是遊覽車隊，二爲機車隊，三是自行車隊，第四種則是徒步的行伍了。

每年過完農曆年一直到三、四月間，可說是各種迎神賽會的熱季，從玄天上帝、保生大帝、天上聖母到五府王爺，都擠在這段期間內過生日，各式各樣的進香活動大都在神明誕辰前舉行，因此這段期間內，各大小公路上總可看到許多懸著「××大帝往××進香團」紅布條的遊覽車隊，大甲進香團的遊覽車隊跟其他衆神的遊覽車隊唯一的差別是，遊覽車不能從大甲直接開到北港，必須跟著步行的隊伍在彰化、西螺等地過夜。

機車隊跟自行車隊當然是其他進香隊所沒有的，不過這些也是經濟繁榮以後的產物。值得一提的是脚踏車隊，這個隊伍起初是由大甲日南人陳耿章發起的，團員們一律身穿白襯衫、卡其長褲，胸前還印有「大甲隨駕特組自行車隊」的字樣，臂上還掛有臂章，一律打領帶，服裝整齊劃一。每部脚踏車的打扮也力求一致，前輪虎骨上一側懸著一面隨駕進香的三角旗之外，另一側還插上一支大香，後座則清一色載只白鐵皮製成的四方箱子，箱子共分兩層，下層擺些衣物及用品，金紙、香燭等必定擺在上層，行動時分兩縱列依序緩緩前進，像是一隊受過嚴格訓練的軍士般，因此他們無論到了那裡，都相當受人歡迎。

除了脚踏車隊，一路上最受人矚目的行伍便是繡旗隊和三十六進士隊。繡旗隊每年的人數都不一定，不過至少在一百二十人以上，這個全由婦女所組成的隊伍，手執著各地善男信女捐獻的繡旗，身穿前清兵卒的衣服，胸前和背後印有「大甲媽祖北港進香」字樣，旗幟自是無比鮮明；她們除了要扛著一面十斤左右重的繡旗，還得揹著自己的行李走完全程，一路上相當辛苦，儘管如此，每年想來替媽祖擧繡旗的仍大有人在，結果人多旗少，每年都得到媽祖的聖駕前卜筊，得到許可的人才有機會爲神明效勞！

跟在繡旗隊後面的，則是清一色男人組成的三十六進士隊，他們分成兩組，執著刀、槍、劍、戟、銅架、鐵索等十六種武器，最後兩位則執著「大甲進香」、「合境平安」的木匾；而爲首的龍頭杖據說是乾隆皇帝頒賜的，可驅邪祛魔，他們所穿的衣服跟繡旗隊相同。相傳早期媽祖出巡時便是這種陣頭，除隨駕保護，更可一路驅邪除妖，長保地方平安。

整個行伍的重頭則是最後的神轎以及轎後隨行的信徒，抬轎的轎夫們也都得穿上「制服」，他們和轎後隨行的信徒全都是自願參加的，這幾年來，徒步進香的人少了，不過仍有不少七、八十歲的人揹著背包，手執著香，默默地一路行一路拜，跟著媽祖走八天七夜。在這些隨行的人當中，還有一種相當有趣的現象，就是其中年紀較大的人大都是從年輕跟到老。許多例子是，他們年輕時，遭到一些困難，結果在跟著大甲媽祖回娘家之後，問題解決了，因而從那時開始，便年復一年地跟著走；另有些人則是從他們懂事的時候開始，父母便帶著他們走，年復一年，如今早已兒孫滿堂了，但總是笑著說：「跟媽祖回娘家一點都不累，而且媽祖還會保佑我們全家平安呢！」

有一個五十來歲的男子則是在幾年前，女兒參加大專聯考前一年才開始跟隨進香的，結果女兒考上了理想的學校，他也跟了三年香，而且堅持用走的，他說：「去年我想偷懶，路上搭了一段便車，回程時兩隻脚卻腫了起來，害我連走路都不成，可見我們這樣跟著媽祖走，媽祖全都看得淸淸楚楚！」。

認眞說來，行伍中的每一個人，除了一同參加的親友外，彼此並沒有橫的關係，最多只是每年一起進香而結識，或者成爲莫逆之交；但在他們之間，無論識與不識，時時都表現出同舟共濟的精神。沿途中只要那個人走不動了，另外一個人便會立刻走過來幫他拿行李；口渴了，只要身上帶有茶水的人，絕對不會吝嗇給你一口；甚至在夜間找不到地方睡時，任何人也都可能招呼你跟他擠一擠呢。……

● 祭禮

大甲媽祖的進香活動，主要是爲了謁祖，因而整個活動的高潮，雖在抵達目的地後的祝壽大典，但行進的過程中，也有許多儀式。

大致說來，整個進香活動中的祭禮可略分爲兩種，一是神與神之間的「拜會」，另一種則是人對神的膜拜與祭祀了。

大甲媽祖所經過的各鄉鎮村莊中，總會遇到不少當地的角頭神，有的只是路過，有的則必須借該神的廟宇宿夜，「拜會」的儀式也不盡相同。大體而言，路過某一村莊時，如果當地的廟宇表示歡迎，都會請出神轎在該村莊的入口處迎接，有些地方甚至還派有電子花車來迎接呢！而兩神相遇之前，頭旗必先按照禮數互相答禮及「溝通」一番，接著是陣頭的歡迎與交誼拜會，完了之後，大甲媽祖的頭旗再帶著對方的頭旗到媽祖轎前，向大甲媽祖致意。只要有神轎前來歡迎，大甲媽祖也必定到該廟宇停留片刻，雖然因此而往返奔波，耗費許多時間，但無論如何總得「禮尚往來」啊！

沿途的答禮只能算是小儀式，最重要的祭典乃在到達北港之後的謁祖大典。這個儀式都在第二天早上八點鐘左右舉行，每年人山人海的景象，讓每位想參加這項儀式的善信們，在天剛亮便紛紛到廟前佔個好位置，過了七點之後，手執著紮滿黃色平安符進香旗的香客們，早已把北港朝天宮前的馬路擠滿了，廟埕上也擺滿了信徒們捐獻的金紙，另外還有十幾個裝著麵粉山羊的木盒，山羊前則是一排宰殺好的大豬。等到謁祖的時辰

◀為了「進香謁祖」的問題，大甲媽祖捨北港而赴新港。

▼沿途總有無數善信虔誠迎接媽祖。

一到，主事者先用擴音器向香客們廣播此次謁祖大典的意義，不外乎祈求國泰民安、風調雨順以及家庭和樂、事業順利之類的，接著由誦經團在正殿誦經，然後謁祖大典便正式開始了，每個信徒都必須跪拜在地上，放眼望去，只見一片人海跪伏著，每人頭上頂著紅黃交織的進香旗，彷彿是特別排演出的場面，也難怪令人驚嘆媽祖的「神力無邊」了。

典禮完了之後，有備而來的信徒們立刻蜂擁到那幾頭大豬前，原來他們是爲了拔豬毛，甚至割豬耳、豬尾巴回去的，場面亂成一團，而他們所以會拚了性命也希望能弄到一塊豬肉，只因爲深信吃了以後可以長保平安。

到了十點左右，要進行最重要的割火儀式，割火的意義就是把北港媽祖的威靈傳遞給大甲媽祖，儀式的重點都擺在香火相傳上，包括誦經、添金紙、祭祀、讀祈福文等等，待這個儀式告一段落後，大甲進香的活動算是完成了大半，信徒們則找地方休息，等待午夜的起駕返鄉……。

人們對於媽祖的膜拜，北港萬人空巷的盛況之外，一路上隨時都可見到準備好香案祭拜的人們，不少人甚至還執意的伏跪在地上，讓媽祖的神轎從他們的頭上抬過去，俗謂「鑽轎脚」，以祈神靈掃除身上的災禍不祥，當然也表現了人們對神無比崇敬的信仰。更有些曾經蒙獲媽祖庇佑的人們，打造好了大塊金牌，等到媽祖繞境經過時，捐獻給媽祖，每每大甲媽祖進香歸來，收到的金牌不下一百面，這些閃閃發亮的金牌高懸在神轎前，或許也代表著媽祖恩德隆重的一面吧！

第二部份／變貌

進香本是神跟神的事，或者說是神跟信徒的事吧，然許多隆重的情誼，却在綿長的進香習俗中建立起來，更多溫暖的故事在每年固定的民俗盛會中流傳下來。

無論是大甲人和北港人之間，還是大甲媽祖和北港媽祖間，都曾經用一百餘年的歷史，建立起深厚的情感與親密的交融，許多觀察者、記錄者甚至都把這段悠長的歷史列爲他們之間最美好、最動人的事蹟，更多的人們相信，他們都會珍惜，讓這難得的歷史與難忘的情誼綿延下去……。

也不知道是所有的人都忽略了百年情誼背後的百年恩怨，或者這個世代，再深厚的情誼都抵擋不住一絲利益的誘惑？大甲媽祖和北港百年來的故事終於畫上句點了，那是在一九七七年的事。那年開始，大甲媽祖不再到「北港進香」，取而代之的是到「新港繞境」。

從北港到新港的過程中，有太多的恩恩怨怨，有太多的指責與「誤會」，而不管是誰「背了祖」，還是誰「誤導了歷史」，大甲媽祖不再到北港卻是不能改變的現實。

●地位之爭

無論大甲、北港與新港媽祖進香活動的爭議，是意氣用事或出於誤會，其癥結顯然在於「輩份」之爭，而台灣媽祖的輩份之爭，甚至可溯至明清政權更迭時，媽祖在政治上微妙的地位之爭。

在台南市土城正統天后宮贊助「導演」的宣傳電影「媽祖顯靈」中，大肆渲染了鄭成功兵臨鹿耳門，求媽祖以獲海潮，順利登岸後而倡建土城天后宮的故事，這個完全創造出來的神話故事，其目的乃想藉鄭成功之名以證明自己的「老資格」，但在前清所留下的所有資料中，卻根本找不到這段史實。而靠海上武力起家的明鄭政權，並非不奉祀航海神，只是當時主管海域安靖的卻是自宋至明間，一直爲閩南居民敬奉的水神玄天上帝。

近人蔡相煇認爲：「明鄭時代台灣以玄天上帝爲海上守護神，忽略在閩、粵兩省有相當影響力之媽祖信仰，此一疏漏，遂爲清吏所乘，利用媽祖之力量對明鄭官兵發動心戰攻勢。」（《台灣的王爺與媽祖》），其中清吏利用媽祖庇佑之說，大舉瓦解明鄭兵士軍心的莫過於施琅攻澎湖，散佈「夢天妃告之曰：二十一日必得澎湖，七月可得台灣。」的神話，這個神話不只徹底瓦解澎湖守軍的軍心，更動搖了台灣兵士的心防，因而清廷得台後，便大力宣揚媽祖之信仰，並廣建媽祖廟，此後媽祖不僅是航海者的守護神，更爲台灣省通俗信仰中的主神之一。

受到清廷支持的媽祖信仰，在短短兩百年間，凌駕各神祇之上，更建有三百座以上的神廟，却罕有神格輩份之爭，主要的因素是台海交通暢通，各寺廟皆直接奉湄州媽祖廟爲祖；但至日領後，台海情勢大變，各種問題也相繼發生。太平洋戰後初期，北港朝天宮每年都要到台南天后宮謁見後殿的「聖父母」，後在一九五六年，北港朝天宮却不願再「謁祖」，堅持「南巡」，遂使得兩宮關係破裂，雙方不再來往，而北港朝天宮乾脆就在後殿自己供奉起聖父母來；這個媽祖的神格之爭，彷彿也爲往後的土城正統聖母廟與鹿耳門天后宮，北港朝天宮與新港奉天宮以及南港水仙宮的「正統」、「眞正」之爭，埋下了引子，不過這些都僅是地域性的爭議而已。直到一九八七年媽祖成道一千年，全台各地老招牌的媽祖廟遂把「誰的輩份高？」這個問題擺在枱面上來爭，及至於大甲媽祖的進香風波，更把神格之爭掀至白熱化甚至對立化的局面，而這些廟神爭輩份的目的又是爲了什麼呢？

●利益之爭

瞭解台灣民間信仰的人，想必都同意近二十年來台灣經濟的繁榮，不僅帶動了台地宗教事業的蓬勃發展，更造成了「蓋廟賺大錢」的奇特現象，使得許多稍具知名度的老廟，莫不使出渾身解數，設法提昇主神的「神格」，以期拓大祭祀圈，贏得更多善男信女的敬奉。

一般而言，台地各寺廟為提昇主神「神格」所使用的方法，大體不脫以下兩種：一是創造神話，以「神威顯赫」來吸引那些目不識丁的廣大農村善信；二則為揑造歷史，加長廟齡，以「台灣開基祖廟」自稱，用來吸引那些有能力閱讀文字，卻無考證能力的一般信徒。各寺廟為招徠信徒，創造出的各種神話，由於都涉及史實，且因民智漸開，過於荒誕怪異的神話，已不易為信徒所接受，除了大家樂盛行的那段時期，各地有應公廟不斷創造的各種「神蹟」外，一般大廟都已不大採用。但在揑造歷史方面，無論是否有破綻，却有頗大的影響力，許多寺廟都樂此不疲，其中最主要的方式包括：自印廟誌篡改建廟年代，偽造匾聯、古物以證明廟史悠久，甚至還有今造的前清石碑、文獻等，這種種篡改史實與偽造古物的方法，唯一的目的只是顯示自己的「開基祖廟」地位。

各寺廟競相自封為開基祖廟的結果，使得台地各主要的信仰神祇，諸如媽祖、保生大帝、玄天上帝、五府王爺、清水祖師、濟公禪師以及哪吒太子等，從北到南，至少可以找到三至十座的「開基祖廟」。這麼多的寺廟熱中爭取「老大」的地位，最重要且唯一的因素，則出於民間信仰的放任性，這種特性使得沒有組織、也沒有標準可遵循的信徒，在選擇信仰的神祇或廟院時，往往以創建歷史、規模的大小以及其他信徒的口碑而定，後兩項都可以花錢或用現代的方法解決，而最重要的第一項，在事實無法更改的情況下，也只有採自欺欺神的方法，設法僞造或篡改歷史，其目的當然是爲了招徠更多的信徒，得到更多的香油錢。

長久以來，大甲媽祖進香團不僅爲現今最特殊、最具意義且最能映現民間信仰力量之浩大的民俗盛會，在這個歷年的活動中，可以淸楚地看到信仰的重要，更可感受到人與人之間最親密、最和善的一面，這種特質，甚至至今仍處處洋溢著；可惜這項溫馨的活動，却因進香的風波而劃了一道傷痕，我們無意探究這個爭議的焦點是純粹的輩份，或者意氣用事，還是誤會，或者也含有經濟利益的因素，但我們確信，如果因這一些小利而失了信徒，那是任何利益都無法彌補的。

畢竟，信仰的目的是讓廣大的人民內心有所依歸，絕非少數人利益鬥爭的工具啊！

——〈舊觀〉原載一九八五年七月廿四～廿五日《台灣時報》副刊

——〈變貌〉原載一九八八年五月十一日《自立晚報》副刊

炎炎夏日鬥蟀樂

——台南地區的鬥蟋蟀習俗

每年端午節前後的一、兩個星期，台南縣永康鄉的豐榮里社區，都會舉行一項別開生面的的鬥蟋蟀大賽，這項活動不僅是端午節最特殊的一項競賽，也把台南地區盛行的鬥蟋蟀活動，做了最具體的標示。

●兩蟀相鬥樂無窮

鬥蟋蟀的主角當然是蟋蟀，蟋蟀又稱爲「蛐蛐兒」或「黑龍」，台灣人則俗稱作「肚白仔」、「土猴」。牠們的基本資料是：直翅目、蟋蟀科昆蟲通稱，已知者約二四〇〇種，身長三—五十公釐，觸鬚細長，後腿長而擅跳躍，腹部末端有兩根感覺毛，前翅堅硬呈革狀；後翅長，呈膜狀，用於飛翔。………鳴聲頻率自每秒一五〇〇至一〇〇〇〇次不等，視種類而異；一般而言，愈小型種類頻率愈高（鳴聲愈尖）。鳴叫的目的主要是吸引異性，打鬥時亦鳴叫助威。………雄蟲領域性强、好鬥，常被養作玩物，台灣最常見的爲台灣大蟋蟀。

鬥蟋蟀的源起，相傳在南宋時，人們便懂得讓牠們「自相殘殺」而取樂，且一直都爲宮廷中最重要的遊戲；以至明代後，不僅宮中的嬪妃樂好此道，朝廷大臣、富貴人家也不能免俗。明成祖遷都北京後，宣德皇帝也染上此習，此後舉國上下，紛紛以蟋蟀爲師，日夜供奉玩賞，甚至到了北京城破，福王在南京組織流亡政府，當時的宰相馬士英竟仍沈迷鬥蟋蟀之樂，不少人稱他爲「蟋蟀相公」，但這個傢伙仍不醒悟，一日不鬥蟋蟀便悶悶不樂，無心過問政事。

明代末葉，鄭成功克復了台灣，率領著明代遺臣，來到這個島上生聚敎訓，以期反清復明，可惜有些玩蟋蟀上癮的人們，竟把此風也帶到台地來了，這項小玩意雖然負不起明亡的責任，卻委實讓不少人日夜沈迷，不務正業，明鄭本部雖再三嚴令禁止這種讓人「玩物喪志」的遊戲，但背後偷偷玩的仍大有人在。

鬥蟋蟀的風氣既然在台灣伸展開來，自然也就世代流傳下來，尤其在清領期間，廣闊的台灣農村，不止盛產蟋蟀，農業社會的人們，更有太多的時間，鬥蟋蟀自然可以隨時、隨地舉行；但也因蟋蟀太普遍了，處處都可以抓得到，在田中挖個土溝，或用兩塊石頭擋留成一凹槽，甚至就在一塊磚頭上，都可以放蟋蟀，讓牠們對咬、廝殺，因而並沒有什麼正式的比賽規定可言，只要雙方議定，高興怎麼比便可怎麼比。

到了日領末期，太平洋戰爭爆發，人們忙著躲警報、謀生活，自然沒什麼閒情逸趣來鬥蟋蟀，此後一直到戰後六〇年代，戰後的台灣社會重建已有具體成效，人們有了更多的錢與閒，於是有位住在台南市保安宮前的先生，到鄉下抓了一些蟋蟀，一隻賣一角錢，提供人們比賽之用，鬥蟋蟀的風氣又慢慢恢復起來。到了七〇年代，漸成台南、新營、鹽水、善化、柳營等地日益熱絡的民俗休閒活動。

●張牙舞爪打擂台

人們會選擇蟋蟀做爲自相殘殺而取樂的主角，却不鬥蟑螂或鬥蜘蛛，乃因蟋蟀有非常强烈的領土觀念，絕不能看到其他同族侵入自己的地盤，於是乎，人們乃針對蟋蟀的這個弱點，設法讓牠們兩蟀相鬥，藉以取樂或者是賭錢。

目前台南縣市流行鬥蟋蟀的「擂台」，大致可分爲兩種，一是用一竹筒，鋸去一頭，再削去小半部，使之成爲一頭呈洞狀的凹槽，另一種則用透明壓克力製成一小小的戰場。比賽時，先把一隻蟋蟀擺入凹槽中，佔領慾强的蟋蟀立刻把這凹槽視爲自己的天地，然後再把第二隻蟋蟀放進去，佔領者跟入侵者只要一照面，便立刻對咬廝殺起來，直至一方被逐出或陣亡爲止。

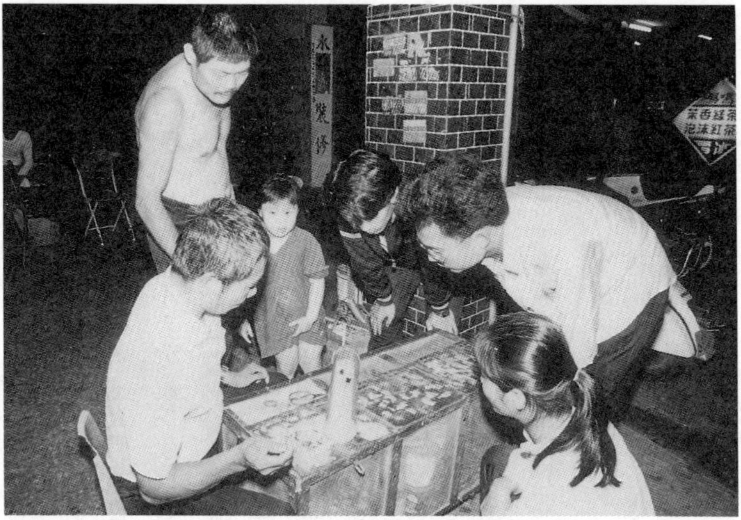

▲每年盛夏，台南許多地方都可見到這幅鬥蟋蟀的景觀。

▼盛夏正是蟋蟀最肥大、成熟的時節。

儘管是「一槽不容二蟀」，不過用竹或用塑膠製成的洞穴，跟地底土中的老巢畢竟不同，有些蟋蟀看看環境不對，乾脆掉頭就走，連鬥也不鬥一下，爲了避免這種掃興的狀況出現，在鬥蟋蟀之前，主人們都會設法把蟋蟀弄得頭昏腦脹，以致根本不分場地，只要一見到同類，便不容分說的咬鬥起來。

要把蟋蟀弄得頭昏昏腦鈍鈍，有兩種方式，一是讓蟋蟀在兩隻手的手掌心中拚命爬，爬到筋疲力竭爲止，這種方法叫「溜蟋蟀」，不過，要把一隻精力充沛的蟋蟀弄昏，前後得花上十幾分鐘。第二個方法是「震蟋蟀」，把蟋蟀放在一隻手上，用另一隻手用力拍打那隻手，蟋蟀乃隨著抖動震了起來，只要反覆數次，原本急著想逃出人們手掌心的蟋蟀，甚至東西南北都分不清呢！

被搞得昏頭昏腦的蟋蟀們，一被放入比賽的「擂台」，自然立刻張牙舞爪，狠命拚鬥起來，至於分勝負的方法，則以某一隻被逐出凹槽三次以上，或被咬得受傷甚至陣亡爲止。一般說來，兩蟀相爭，往往只要一、兩分鐘，至多也不會超過三、五分鐘便可分出勝負。

如此的一場鬥蟋蟀，人們除了在蟋蟀的廝殺肉搏中，得到「站高山看蟀相咬」的快感外，蟋蟀從發現敵踪，接著張牙舞爪，挺身肉搏等過程，委實相當緊張刺激，令人難忘。當然，免不了會有些人以你的「黑龍將軍」和我的「赤羌元帥」下賭注，少則三、五千元，賭誰勝誰負，賭風順的人，也許不到幾分鐘，便能贏得好幾千元，因此有一段時間頗為興隆，八〇年代中期，大家樂風行起來以後，人人忙著求靈籤、問明牌，較少有人肯花下大部份的時間去找尋、照顧黑龍將軍，蟋蟀大戰也逐漸恢復純娛樂的色彩，成為大人、小孩人人皆宜的娛樂了。

●灌水入洞抓蟋蟀

談了半天，也許身在都市中的人們，還弄不清楚蟋蟀到底從何處來呢？多數鄉下長大的孩子，童年時期必定灌過肚白仔。蟋蟀都打洞居住在地下，想要抓蟋蟀，自然得先找到蟋蟀洞，然後再灌水入洞，窩藏洞中的每一隻肚白仔，無不依序跑出洞中投降。專門抓蟋蟀來賣的人們，抓蟋蟀的方法則是找到蟋蟀洞後，用鋤頭把洞挖開，非但快且一隻都跑不掉。台南風神廟前賣蟋蟀的小販，每逢鬥蟋蟀時節，每天早上都得到台南縣的鄉郊抓蟋蟀，運氣不壞的話，一天要抓一、兩百隻蟋蟀不成問題，目前的價格是每隻十五至三十元之間，算算有一、兩千元的收入，說什麼也比別人坐一天辦公桌要強多了。

蟋蟀抓回來之後，大都養在鐵絲網製成的箱子中，再放些青草嫩芽、胡蘿蔔、花瓣、綠豆芽便成了。當然，一箱中好幾百隻蟋蟀，自然有好壞，有強有弱，要分辨蟋蟀的健壯與否，最好的辦法是從外型和叫聲著手，叫聲宏亮，頭部碩大，後腿強勁，翅膀呈深褐色斑點的大都爲上駟之材。買到這樣的勇士後，當然還要施以訓練，並找些弱小的族人供牠肆虐，如此不必多久，也許便可成爲一隻百戰百勝的「蟋蟀王」呢！

只有一年壽命的蟋蟀，每年入秋之後交配，並把卵埋在土裡後便死亡，待冬深之後，卵自然孵成幼蟲，到農曆四、五月間，正是一生中最强壯的季節，鄉村田野四處都可見到牠的踪跡，自然成了人們鬥蟋蟀最佳的時節。

炎炎端午，你是否也曾想過，除了人與人之間的龍舟競技之外，蟋蟀鬥爭下的世界，又是怎樣的一番風貌呢？

——原載一九八七年六月十一日，《翡翠》雙週刊159期

木屐震醒穿山甲

——台中市犂頭店的端午奇俗

自古以來，端午素爲人們心目中的一年三節之一，且又爲酷夏的啓始之期，許多爲了紀念節慶，像是包粽子、賽龍舟之類的民俗，或爲應驅瘴避暑而生的習俗，像喝雄黃酒、洗午時水、戴香包、插菖蒲艾草等等活動，幾百年來，一直豐富着傳統人們的端午佳節。

我們所熟悉的端午習俗，儘管緣起不盡相同，但都爲漢人自中國帶來的文化，傳入台灣三、四百年來，雖受到環境、氣候、人文條件的不同而產生頗大的變化，却少有本土的精神與色彩。倒是少數地方仍存的一些罕見的端午奇俗，諸如宜蘭礁溪二龍村的競渡、苗栗竹南中港的祭江洗港以及台中南屯犂頭店的木屐競走等，活動本身與台灣的原住民族、開拓歷史或者地理傳說都有相當濃厚的關係；像台中南屯犂頭店的木屐競走，便是一包藏着開拓故事、地理傳奇，又可促進鄉里團結的端午活動。

●鑄犂頭，興市街

位於大肚山丘陵南端東麓的台中市犂頭店，也就是今日台中市南屯區的中心，相傳爲台中地區墾拓的濫觴，明鄭領台後，曾派劉國軒部衆駐紮這一帶，但正式的開發，則遲至清康熙年間，宋增璋撰《台灣撫墾志》載：「康熙末，漢人來本堡開墾，先拓犂頭店街，該處原爲『平埔番族』之貓霧揀社所在地，據《番俗六考》記載：『岸裡、撲仔籬、阿里史、掃捒、烏牛欄五社，不出外山，惟向貓霧捒交易』。漢人入居後，與番人交易如舊。雍正九年，設巡檢於犂頭店街。……」

犂頭店街名稱的由來，相傳是因漢人初墾後，豐沃的土地很快便吸引相當多的漢人湧來，爲了因應墾拓人們的需要，許多打造農具的商店相繼出現，不久遂形成一農具街，其中又以所鑄犂頭堅利聞名，人們乃以犂頭店稱之。林爽文亂後，犂頭店市街被毀泰半，繁華景況一落千丈，新興的東大墩（今台中中心區）迅速取而代之，犂頭店不復昔日的地位，甚至還因位於大墩之南，而被稱作「南墩」，一九二〇年，日人改稱南屯，戰後改稱南屯區，犂頭店即爲現今的南屯里。

現今的犂頭店，是個典型的老社區，窄小的馬路和陳舊的建築，雖與高樓競起的台中市形成兩個世界，但這些古意盎然的建築，最能說明這個地區曾經有過的興衰。而許

▲台中南屯社區的端節活動，吸引許多村民參加。

▶長木屐製作簡單，只要縫上鞋扣便可。

許多多的歷史與傳說，在老一輩口中，雖只是些斷簡殘篇，但每個人都不會忘記的，必是那個「穿山甲穴」的風水傳奇。

根據當地居民的說法，犁頭店位屬穿山甲穴，穿山甲體外覆有瓦狀鱗片，長相雖怪異，却因身上的鱗狀似龍紋，因而被視爲靈獸。每年春臨之後，居民爲了要叫醒冬眠中的穿山甲，必須擇一日，用巨大的聲響來驚醒牠，以期醒來能帶動這地區一年的蓬勃發展，早期人們吵醒穿山甲的方式，是大夥穿着木屐，來回重踏地上，一時之間發出巨大的劈啪聲響，彷佛眞能震醒穿山甲一般。

●巨聲震醒穿山甲

太平洋戰後，社會結構由傳統的農業形態轉爲工商業掛帥，人們不再有傳統社會的農閒時期，且每年都要擇不同的一日，造成許多人的不便，犁頭店街的木屐活動，經地方人士商議後，一致同意改在端午節舉行，同時改成以競賽的形式舉行，爲了使活動更具趣味性，吸引更多的人參與，木屐也改用一塊長木板，上設四個鞋環，把兩塊長木板併在一起，便成了一雙「連環木屐」。

在犁頭店社區的長木屐比賽前，還有一項競跑活動，也是繁衍於早期穿木屐不斷來回奔跑，以震醒穿山甲的活動，現今則由社區內的人自由參加，其中泰半都是兒童。比賽的方式相當自由，孩子們就著居家便服，或打赤脚，或穿球鞋，或者穿着拖鞋，大家先集合在舊時北門的方向，由裁判人員找出八位身材差不多的孩子分批比賽，一聲令下每個孩子莫不奮勇爭先，馬路兩旁的家長親友們，除了加油聲，便是嘻笑歡愉的笑聲，氣氛相當熱鬧，待這批孩子跑到一百公尺遠的終點，第二批孩子早已站在起跑線上，直到所有競跑的選手都賽完後，便舉行長木屐競走。

長木屐上既設四個鞋環，比賽當然以四個人爲一組，成員都是臨時找的，四組成員都找好後，大家齊立在起跑線上，待裁判員一聲令下，每組人員分別喊起「一、二、一、二……」的口令，以整齊的步伐蜈蚣競走式的走到終點。這種長木屐競走，完全在考驗隊員的默契和團隊精神，比賽時「一、二；一、二」的口令喊得震天價響，加上長木屐「劈、啪」的聲響，把整個活動帶進最高潮，而每個在場的人，情緒都高亢起來，不是大聲地吆喝著喊口令，便是拚命爲比賽的親人加油。偶而，也會有人走錯了步伐，摔得四脚朝天，甚至使得全組「進退不得」，每每惹來滿場的笑聲，爲這項簡單的活動添了無限的趣味。

●饒富意義的社區民俗

犁頭店社區的長木屐競走，每年都是在端午節午後兩點舉行，比賽從北門開始，當所有的選手都賽完之後，再移到南門、東門以及西門重覆比賽一次，每一次的活動雖完全相同，分成四個場地賽向中心點的目的却象徵了「平均」與「向心」；又因參與者全都是社區內的人，即使沒有親戚關係，也是朝夕相處的好鄰居，於是比賽時所流露的濃厚親情與深厚人情味，賽中賽外打成一片的情形，皆最能表現傳統社會親密的人際關係，相當可貴。

穿長木屐競走，嚴格說來並無太特殊處，但它的源起卻是來自這塊土地的開拓，其中包含了無數人們的心血和對繁榮的期待，即使到了今天，當地人又何嘗不是懷着相同的想望與期待呢？由這個觀點看犂頭店的端午木屐賽，意義自是深遠無比。

畢竟，它是端午時節包粽子、插菖蒲之餘，最具本土開拓精神與意義的特殊習俗了。

——原載一九八八年六月廿九～卅日《民衆日報》文化版

謝水神，祈寧安

——竹南中港的「祭江」與「洗港」風俗

●端午與祭江

對於廣大的台灣人民而言，過了鶯飛草長，雨水豐盈，作物抽穗待熟的暮春四月，家家戶戶莫不以最盛大的禮儀來迎接盛夏初始的表徵——端午節令。

嚴格說來，至今盛行的諸多端午習俗源起自何時，很難有確實的結論。因此戰國時代楚大夫屈原的憂國投江之舉，划龍船、包粽子等習俗乃附會其中。此外，又因五月屬炎夏之始，高濕氣重，蚊蚋容易孳生，遂有門口插艾蒲、飲雄黃酒等辟邪防癘的習俗。而這些習俗歷經千年的遞嬗，雖然有所改變，但人民對這個節令重視的程度却一直不減，戰後八○年代以降，社會漸趨富裕，各地紛紛舉辦各類端節民俗活動，使得每逢端午，總是粽香四溢，龍舟競渡之聲不絕於耳。

台灣的龍舟競渡，相傳緣起於清乾隆廿九（西元一七六四）年，台灣知府蔣元君在台南法華寺的半月池中舉辦了一項女子划船比賽，此後才在郊商的出錢出力下，漸發展出規律而有制度的划船競賽；另說更早之前的平埔族人，相傳於每年秋收之後，都有一項駕舟驅癘辟邪的儀式，這些活動在時代變遷的洪流下，或者被淘汰了，或者演變為今日大家熟悉的龍舟賽會。姑不論活動的緣起與結果如何，卻都含有感謝與祭祀水神之意，特別是龍舟賽後的「謝江」，場面相當熱鬧，「各子弟班（業餘音樂劇團）僱了大船，綉了彩船排場（即清唱）；岸上則四平、亂彈戲（當時本（北）市歌仔戲尚未大興）及布袋戲不下二、三十台，熱鬧異常。」（王詩琅《艋舺歲時記》）

舊時的人們，對「祭江」與「謝江」之禮都較為重視，除感念水神賜給人們飲用、灌溉與洗滌之便，更因傳統風俗中有所謂「水鬼」的存在，這些溺死於河中的鬼魂，大都為寃死的，若想投胎轉世為人，則需找到新的亡魂做為替身，民間乃有「水鬼交替」、「水鬼作祟」的說法；一年一度的祭江盛會，正是安撫這些寃死河中孤魂野鬼的最好辦法。

七〇年代以降，龍舟競渡雖年年舉行，但不是偏向官辦化就淪為商業化，而在電視、報紙等傳播媒體的大肆宣導下，更成為端午最重要的民俗活動，只是舊時的祭江與謝江，卻因民智的日益提高以及主事者的忽視，大都被省略不再舉辦，或者也僅應景一番而已，唯獨苗栗縣竹南鎮中港地區，却與衆不同地取消龍舟賽會，而年復一年地重視祭江與洗港大典。

●歷史上的中港

位於苗栗竹南西方僅一點五公里的中港，爲苗栗縣開發最早的地區之一，相傳在明永曆十二（西元一六五八）年，便有漳、泉移民自中港溪口登岸入墾，並建小茅屋供祀自中國帶來的湄洲媽祖；淸領後，漳、泉移民益多，中港漸成爲雞籠與鹿仔港間的重要港市，並因此得名。及至淸嘉慶中葉至道光年間，中港附近的平野各處大都已被開發，港埠功能日益完備，除可直接與大陸通商貿易外，更是中北部首屈一指的重要漁港，商業的興盛與街市的繁榮，自非苗栗其他市鎮所能比擬的。

因航運便利而興起的中港，在同治年間後，也因港區日漸淤淺而衰退，到了淸光緒三十四（西元一九〇八）年，縱貫鐵路通車，竹南取代了中港原有的交通地位，西元一九三五年的中部大地震，震垮了不少原本矗立在中港街巷的房舍，使得不少中港人遷居至竹南……，這接二連三的打擊，終使中港褪盡了原有的光采，成爲中北部海邊一個寂寞的城鎮。

在商業上失去繁華光采的中港，卻是中北部重要的宗教重鎮，歷史悠久的慈裕宮，每年都吸引十數萬的進香客，此外，更是台灣金銀紙製造中心，早有「冥府銀行」之稱。然而這一切仍換不回失去交通要衝的絕對優勢，沒落的脚步年年緊緊相逼，如今的中港，狹窄的街市旁矗立的是斑駁的老屋，最初的港埠早已不存，僅餘綿延的沙丘與海天相連，偶爾也有牽罟的人們，但休閒性大於謀生的意義。事實上，戰後的中港，已不見幾個漁人了，儘管如此，這個地區的人們，却仍年年尊奉祖先們留傳下的洗港習俗，以祈產業豐收，闔境平安。

中港的祭江與洗港，都在端午節當天下午一點鐘左右開始，在此之前，主辦的慈裕宮都會發函通知角頭的各大小寺廟、神壇，提醒他們準備參加當地一年一度最重要的民俗活動；端午節當天午後，中港境內各寺廟神壇，或在鼓吹隊，或在獅陣的護送下，分別迎着大轎及四轎來到慈裕宮前的廣場集合；有趣的是，這些前來參加祭江活動的大轎，全都坐在發財車或鐵牛車上，而在陣頭前導，比中南部的輦轎稍大，由四人扛抬，行進時呈一直線的四轎，却完全由壯年男子扛抬，且往往一到廟埕外，便有一人發起乩來，或正反顛倒地拚命抖動轎子，或跪在地上爬行，直到進入慈裕宮謁見媽祖後，才退乩恢復正常。

●普渡祭河神

▲端午節當天，慈裕宮前聚滿了附近的神轎與香客。

▼神轎深入河海交會處，驅趕不淨之物。

大約在下午一點半左右，境內的二十幾座寺廟神壇的陣頭都已到齊，慈裕宮的乩童請示將押陣出巡的媽祖，獲得允諾後，繞境的隊伍乃往北出發，抵達「小橋公」前的第一個角頭後，再沿著往西的溪圳前進。在這途中，每隔一段路便往溪中撒金紙，在每個路口或橋樑，隨行的乩童更得行驅逐邪魔的儀式，這種儀式相當簡單，先在橋樑或路口的四個角落，按東、南、西、北的方位燒金紙、撒鹽米，並用鯊魚劍或刺球劈砍自己的身體，然後在橋中央，朝河中撒符水、小袋米包、金紙等，最後再操演巫器一番，儀式便告完成。

除了驅魔逐邪的儀式外，每個角頭的居民，也都會把角頭的主神以及自慈裕宮請來的媽祖，供奉至溪圳邊，居民便在河兩岸擺下祭品，祭祀河神並普渡冤死河中的孤魂水鬼，乩童每行至此，除照前述的儀式操演一番外，更會在神前繪寫符籙一張，供居民們與金銀冥紙一齊焚燒，以告慰河神。

如此沿著溪圳前行了兩公里餘遠後，繞境隊伍離開溪道，轉向南方前進，這段往南的路徑，兩旁都為平沃的田野，不見任何民宅，不只所有的乩童都退了乩，甚至連大、小轎都上了車；大伙兒匆匆地趕到港墘里稍北之處集合後，再依序繞行至中港溪邊，並按前例在角頭舉行驅煞與祭江等儀式。

●「洗港」掀起高潮

浩浩蕩蕩的繞境隊伍抵達中港溪後，沿著溪岸往西出海，此一路上都爲堤防道路，汽車無法通行，所有的轎子都需下車，由人扛抬至出海口，汽車及鑼鼓樂隊陣頭等，則從大馬路先行到塭子頭南方的預定「洗港」處集合。

中港地區端午繞境祭江活動的重點，在中港溪出海口的洗港儀式，隨著繞境隊伍沿著中港溪西下，每個角頭供奉的祭品愈多，持香膜拜的民衆也大爲增加，隊伍中的乩童及四轎少不了要在每個角頭作法驅邪一番，當各神轎、陣頭陸續抵達中港溪口時，已經是午後四、五點了。

五點稍過一點，慈裕宮的媽祖轎終於抵達溪口的沙丘上，這個時候，不僅所有的乩童都狂舞起來，不少四轎也紛紛「發」起來，如此「各顯神通」了十幾分鐘後，才逐漸退乩，此時慈裕宮的兩個乩童互持著「乩頭」，指示著衆善男信女，面向西方跪拜，然後「乩頭」突然牽引著兩個乩童猛往河海交會處衝，跟在他們身後，不少四轎也發了起來，緊跟在後衝向海裡。

傍晚五、六點鐘，附近海域正值退潮時刻，他們衝行了五、六百公尺，雙脚的小腿肚都陷入汚泥中，才到達中港溪僅剩的一道小小水域，「乩頭」先在泥濘的沙丘上獻小米包，撒符水及金紙「獻江」，接著又率領著三、四頂神轎衝向水中，「乩頭」主要的目的是尋找「不乾淨」的東西，在水中左尋右訪了好一陣子，還潛至水底，最後終於找到了目標，由乩童略施「法術」把它逐走後，「乩頭」才帶領著隊伍回到媽祖轎前「覆命」。

除了那些跟著「乩頭」下海「洗滌」的神轎外，其餘的四轎也全都發了起來，或往河中心衝，或在「獻金」處或跪或爬，使得現場顯得無比激烈與熱鬧，如此一直持續了一個鐘頭左右，人跟轎都沾滿了汚泥，或者全身濕透，這時沙丘上堆積如山的金紙也焚燒得差不多了，「乩頭」一一告祭四方土神，乃示意返駕，整個「洗港」活動才告一段落。

●意義深遠的活動

根據中港地區老一輩人的說法，祭江和洗港起源於相當早，約在清代末葉便開始，不過最初的重心是在龍舟賽；當時中港溪的水域較寬，而且全無汚染，當地人乃趁著早上漲潮時，在溪中舉辦龍舟賽會，下午比賽結束後，才請出媽祖及境內諸神行祭江與謝江之儀，一直持續到太平洋戰後，龍舟賽仍舉辦過好幾年，後來由於中港溪的汚染日益嚴重，人們對龍舟賽的興致日減，終於在五〇年代後不再以龍舟賽慶端午，不過龍舟賽後的祭江活動，非但沒有隨之停辦，反而發展成一種獨特而隆重的民俗活動。

整個祭江與洗港活動，主要的意義乃爲了感念水神及祭祀寃死水中的孤魂野鬼，充分保存著先民們敬畏大自然的精神以及普施孤魂野鬼的氣度，這種精神及風度，已經愈來愈不容易覓尋了，中港地區的人們，能夠勇於拋棄樣板式的龍舟賽會，選擇體貼本土情感與先民精神的祭江活動，非但在意義上顯得不凡，對當地人來說，想必也更覺得珍貴而深刻。

晚近二十年來，由於社會的變遷，使得多數的民俗活動不是淹失在時代的洪流中，便彷彿只能以樣板化或表面化的模樣留存下來，因而在許許多多熱鬧喧天的活動慶典中，却見不到一絲情感與精神；中港地區的端午祭江，雖只屬於角頭性的活動，但其作法却是可貴而值得其他地方人民參考的。

——原載一九八七年七月《三台》雜誌13期

繁華夢盡牽水䡤

——金湖港與萬善爺祭典傳奇

第一次知道口湖鄉，是在鄭豐喜的故事中。

那已是許多年前的事了。年少的記憶並不頂眞切，但那場沒頂的水災以及沿海瘠地的印象，卻一直不曾輕易忘記。

後來，《汪洋中的一條船》被拍成一部不怎麼賣座的電影，鄭豐喜紀念圖書館也在文化界人士的支持下，盛盛大大地在口湖鄉公所左前方奠基開工了——那時候的我，還只是個不經事的少年，所有的印象都來自競相報導的新聞中。

●沿海瘠地口湖鄉

許多許多年以後，每年都有機會到北港，但那時候，鄭豐喜的故事，已在歲月的堆砌中日益消淡，加上未曾親臨過的不眞切，竟從未發覺到那沿海瘠地的口湖鄉，距離這個蒙媽祖庇佑而興盛富裕的著名鄉城，不過短短十餘公里罷了。

口湖確實距北港不遠。攤開地圖來看，北港往西，沿一六四號縣道過水林，再走約五、六公里，路右側出現了兩座金碧輝煌的廟宇，這便是口湖了。

就如同台灣大多數海風肆虐的沿海小鎮一般，小小的口湖街道，任意零落地矗立著或高或矮的房舍。這些房舍，或只純粹能爲一般民宅，或者是販賣日常用品、南北雜貨的小店。甚至在一排水溝上，還新搭了一座簡陋的矮房子，裏面供奉著「水流公神位」，這當然是近年來，「大家樂」興起之後，才享有的香火。

也許，這一切都沒什麼太值得奇怪的，家家戶戶庭前院後堆得高高的蚵殼與各式各樣新起的有應公廟，都因藏著人們無盡的發財夢，而成爲不能分捨的日常生活之一。在口湖，除了這些外，那棟孤伶伶站在齊人高荒草叢中的鄭豐喜圖書館，該當是個或曾榮耀、卻也是個無以善後的傷痛吧！

「我們這個地方，年輕人都跑了，老年人不是忙著養草蝦，就得出海，也沒識得幾個字，蓋那麼大一座圖書館，本來就是浪費嘛！」幾年前，與我同車回口湖的鄰座少年，便曾這般直率地批評過。

對於口湖鄉人而言，那座孤伶伶的圖書館，最大的意義，恐怕是隨時都提醒著人們，鄭豐喜故事中的貧困，天災、水禍，正是三百年來口湖鄉一切苦難的縮影吧！

●嘉慶君遊金湖

位於雲林縣最西邊的口湖，為澎湖到台灣最短距離的航線，拓台之初，靠海的下湖口曾一度為「人煙稠密，商旅雲集」的重要登陸港口。十九世紀初葉，正逢大陸移民潮鼎盛的時候，一批批的移民，選擇這個最近距離的港口登上岸，帶動了往來不輟的商業活動，在那時期，下湖口港每天都有百艘船隻出入，著名的商行，也在碼頭附近建了六、七十座的貨棧。街市的景觀，更是櫛比鱗次，商販叫賣，食客吆喝歡飲之聲此起彼落，最能襯出這個清初港市的繁盛喧囂。

下湖口港的興盛，大約止於十九世紀中葉的那場大水災。此後，舊的港市淤淺了，人們只得往北遷至現今的金湖村築「新港」，下湖口則改稱「舊港」。只是這時候，台灣西部的港埠日益增多，「新港」失去了原有的優勢，降級淪為西南沿海鹽產輸至北部的轉運口，以及漁船集散的漁港。馬關割台後，日方派一支軍隊在金湖港登陸，當地有志之士紛紛起來抗爭，雙方激戰了三晝夜，民兵潰散，日軍大舉登陸，焚毀港口碼頭以及港市民宅，後又設立海關，禁止貿易往來，金湖港的貿易功能漸隨戰火而消毀了。

從日領時代開始，金湖港淤淺了，貧瘠的土地上，除了挖池塘養殖水產品之外，多數的作物都不願在這塊土地上開花結實，再加上近海時有水患，於是災厄與貧瘠幾乎成了它的代名詞。一直到太平洋戰後一、二十年內，不少人仍以番薯籤爲主食，孩子在就學之前，往往只有一件水褲頭呢！

這是一個多麼貧困的地方啊！只是，活在這裏的人，雖在海風與鹽雨的侵襲下，卻也懷有其他人所無法領會的滿足，「嘉慶君遊金湖」的故事，便是他們世世代代，都樂於傳述的神蹟……

傳說中嘉慶君遊台時，曾在金湖外海遇大風浪。嘉慶君在左右隨從的建議下，書「龍王免朝」聖旨投入海中，叫海龍王不必來朝拜，海上風浪才稍小，嘉慶君乘的船隻終得以脫險，駛入避風良好的下湖口港。嘉慶君爲紀念這次事件，乃改地名作「金湖」，自此後，金湖遂成雲嘉第一大港。

事實上，嘉慶君從來就沒來過台灣，更有趣的事是金湖人口中「嘉慶君遊金湖」的主角，最初竟是乾隆皇帝，後因王得祿在嘉慶年間任太子太保，嘉慶君乃取代乾隆君來遊金湖。當然，這一切都只能視爲民間傳說，只看嘉慶書「龍王免朝」聖旨鎖海的傳奇，便知是經常在海患威脅下的金湖人心中最大的奢想吧！

●怒濤驚浪捲家園

台灣孤懸海上的特殊地理環境，深受海島型氣候的影響，加上漢人入墾後，肆意

「入山斧大木爲薪」，水土的破壞相當嚴重，自古以來，便有數不盡的颱風與水患，每遇「必與大雨同至，必拔木壞垣，飄瓦裂石，久而愈勁……」（郁永河《裨海紀遊》）的暴風，或者「不數刻，大雨如霪，徹夜不止……三更後，水淹民舍，男婦老幼盡奔入外館，水亦漸漸漲滿，館中人在方榻坐，手攀門扉，水已及臍，環視他人，勢將滅頂……」（林樓鳳等《台灣采訪册》）的大水，人民的財產、生命，往往損失得難以計數。

與海相鄰的金湖，除了要和其他地方一樣，承受一次又一次的颱風、水患，更得承受「海水驟漲丈餘，近海民舍多被淹到，田園亦被浸鹼」的災害，而其中最大的一次災厄，當屬清道光二十五（西元一八四五）年的那場水災，「……六月初七日夜，狂風大雨，海漲異常，象苓澳內船隻擊碎十有八九，下湖街店屋全行倒榻，新港莊、萡阿蓁、蚶仔蓁、竹笛蓁等處淹斃居民計二十餘人……」（《明清史料戊編》）

這場「大雨連霄，颶風陡發」的大天災，前前後後共肆虐了三天，直到初九日以後，金湖才在一片汪洋中浮起，帶走的生命，顯然不是二十餘人，應該是二、三千人罷?!少數倖存的人眼見沙灘、港邊、街道、溝壑盡是死屍橫陳，强忍著悲痛，卻仍有收不盡的屍體。幸而不久後，道光皇帝讀到地方官吏的奏摺，特允地方動用倉谷銀兩賑濟災民，並勅封集葬舊港邊的淹斃亡魂爲「萬善同歸」。

▲傳說中的萬善爺因救許多小孩而喪身。

失去了土地與家園，並不表示絕望，尤其在台灣的開拓史上，這樣的故事總不斷地重複著，人們總是咬緊了牙關，一次又一次地重新站起來。

幾年後，金湖便在「紙醉金迷，不敬神明而遭天譴」的自我慰解中重新站了起來。重新出發的金湖人，同時也塑了一個九頭十八手的萬善爺神像，相傳祂就是水患時，身背八個孩子與洪水搏鬥，最後仍不幸溺斃的陳英雄，許多外出謀生活的人都得新刻金身，分靈帶到新天地，以祈庇佑萬事如意；每年萬善爺的例祭日，更要回到故鄉進香謁祖，以示飲水思源。

●水轙牽溺魂

金湖的萬善爺，除了祭祀陳英雄，當然還包括所有水患的殉難者，例祭日以水患日為主，也就是每年的六月初七、初八及初九三天，參與祭祀之人，包括下湖口與新港一帶廣義金湖地區的人。清末葉後，人口漸集中在新港一帶，每逢祭典期，居民都挑著牲禮祭品，到下湖口祭祀。太平洋戰後，改為請萬善爺神靈前來巡村的方法，鄉人仍感不便。最後終於一九五七年，自舊港邊萬善祠分靈至金湖橋頭邊。此後，雖有兩座萬善祠，兩地居民仍互往祭拜。

舊時的萬善爺祭典，前後共有三天。第一天糊水轙，第二天牽水轙，最後一天舉行

▲金湖萬善爺前擺滿了水䡔，非常壯觀。

盛大的普渡。近年來，縮減只剩六月初八舉行。過去家家戶戶都自已糊水轙，現也有專門的人，招請一些念國中的孩子代爲糊好。糊好的水轙一個賣六、七十塊錢，只要事先預訂，六月初八一大早，糊水轙的商人便會把上書奉獻者大名的水轙，成排地擺在廟前。由於數量達數千個，要費好幾個鐘頭才能把所有的水轙排好，有些稍晚訂做的水轙，甚至還要到了中午左右，才能趕製出來呢！

除了竹爲骨架，用包裝紙糊成的水轙，在廟前浩浩大大地排列成一大片壯觀的景致外，也有不少人以三牲祭品，祭祀於萬善爺靈前。分靈於外的水戰英雄，也陸續回到祖廟進香。祭典的高潮則在午後，道士超渡亡魂之後的「牽水轙」。長筒圓型，上插小旗，外層筒柱各貼大、小鬼、牛頭、馬面……等像的水轙，爲台灣風俗中專用於超渡溺死者的特殊祭物。道士做完超渡的法事後，活在陽間的後世子孫，需一面喊亡者姓名，一方面轉動水轙，意指牽引起水中的亡魂之意。只是萬善爺靈前的水轙實在太多了，善男信女只能排成排，用手摸過一個個水轙算數。

牽過水轙後，道士馬上開始撒鹽米、施符籙「倒轙」，然後把水轙焚化，表示獻給孤魂野鬼。

接下來，道士還要挨家挨戶灑符水，驅逐瘴孽，等這些法事全部結束，已是夜暮低垂了，小小的金湖也已湧進數萬食客，多數離鄉背井的遊子也紛紛趕回來團聚，把這個平時僅剩老人、小孩、藍天、漁塭的濱海小村，彷佛又帶回幾百年前商市繁華、人口稠密的港市景象。

●溫厚的金湖人

百餘年前的繁華，當然不會在今天重現，甚至在一九八六年的八月廿一日，韋恩颱風帶來的暴風雨水倒灌，又奪去數十漁民的生命，而一直都可謂是金湖特殊景觀的木麻黃防風林，多數也因長久泡在水裏而死亡，幸好當地人仍秉著先祖遺下與天災人禍相抗衡的精神，承受一切苦難和打擊，默默地重整家園，並在每年萬善爺的例祭日，準備更多的水轙，牽引更多溺死水中的亡魂。這種精神，已不只是單純的信仰罷了，想必他們心中，都懷有無比深沈的情感與溫厚的人情味啊！

——原載一九八七年八月，《大世界》雜誌95期

十六歲的情與思

——台南市的七夕「成年禮」

自古以來，台灣人心目中的七夕，不僅是神話中牛郎織女踏過喜鵲築成的橋，一年一度相會的大好日子，更是許多少年成長歷程中，孩童與成人時期分野的日子。

民間俗信中，農曆七月初七爲「七娘媽節」，七娘媽也就是七星娘娘，或爲織女星，也稱七仙姐，相傳織女因織成雲錦衣而深得玉皇大帝的歡心，將祂許配給辛勤工作的放牛郎，沒想到這對天賜良緣的美眷，婚後恩愛逾常而疏於工作，惹得玉皇大帝大怒，乃命兩人各分東西，中間隔以銀河，每年僅七月七日，派喜鵲搭成鵲橋，兩人才得以相會。

織女既成這個淒美愛情故事裏的主角，民間很自然的也就把織女當作祈求愛情圓滿的對象，舊時的未嫁少女，大都會在七夕擺設香案，準備七味碗、胭脂水粉、小鏡子、小扇子等，祭拜織女星，一求早日降下美好良緣，二祈織女娘娘能賜美貌給少女們。此

▲出了七娘媽亭，便表示長大成人了。

▼三十六婆姐，俗信爲護佑孩童平安長大之神。

外，織女星在台灣，更扮演著少男少女守護神的角色，每逢七夕，更有「脫絭」、「出鳥宮」、「出婆姐」的習俗。

無論是「脫絭」、「出鳥宮」或「出婆姐」，都因「做十六歲」而來；舊時人家總認為，養兒育女除了父母的照顧，更需神明的幫忙，不少父母在孩子出生後，將孩子送去給神明或樹王公當契子，或求得神明賜給絭牌，戴在孩子身上，以祈身體健康，平安長大成人。

七娘媽在民間信仰中，本就扮演守護神的角色，因而有更多的父母，在孩子出生後的第一或第二個七夕，便到供奉七娘媽的廟中，向七娘媽許願，求得絭牌給孩子帶在身上，一直要戴到滿十六歲的那年七夕，才能在七娘媽前脫絭，並準備麵線、肉粽以及彩紙紮成裝飾繁複，美輪美奐，單面三角形，高三層的「七娘媽亭」隆重祭祀，祀絭完後，燒金紙、經衣及「七娘媽亭」，並且將供奉的絨花、脂粉、胭脂等物，拋到屋頂上，表示敬獻給七娘媽。

至於「出鳥宮」與「出婆姐」，也都是十六歲的成年禮之一。年滿十六歲的少年祭過七娘媽，父母需抬著七娘媽亭，讓孩子們在左右各三次鑽過亭下，表示過關長大成人了，這個儀式少男行之謂「出鳥宮」，女的則謂「出婆姐」。

台地的「做十六歲」習俗，以台南及新竹兩地最為盛行。新竹地方的人民，全都在自己家裏擧行，規模較小，較不具儀式性，近年愈少人擧辦了。台南地區則集中到中山路的開隆宮擧行，開隆宮是台地少數主祀七星娘娘的廟宇，少男少女們除了鑽七星亭，更要從七娘媽殿前的供桌底下鑽過，表示此後可出人頭地了；另外在開山路的臨水夫人廟，因供奉有三十六婆姐、花公花婆和臨水夫人等庇佑兒童之神，七夕時節，也有不少人在廟中行「出鳥宮」或「出婆姐」儀式。

這項特殊的「做十六歲」舊俗，向來都受到人們的重視，但意義却隨著時代的不同而改變。前清的做十六歲，相傳源於台南的五條港碼頭，當時中國與台灣的交易，都以關帝港、佛頭港、五宮港、媽祖港及新港的五條港爲主，由於出入頻繁，商務鼎盛，碼頭工人的收入頗豐，不少人從少年時代便加入此一行業；但「做十六歲」之前的孩子，只能算是童工，僅領半薪，十六歲後才能升爲正式的碼頭工人，得以領全薪，因而家中只有剛滿十六歲的孩子，必然大肆邀親宴友，宣告子女長成。

清末葉以降，五條港淤泥阻塞，碼頭工人這行業隨之沒落，但「做十六歲」却年年流傳下來，至太平洋戰後，高中聯考的考生大都年在十六歲左右，考取理想志願者，父母多藉「做十六歲」的名義，大肆請客慶祝一番。

其實，無論是過去的由童工升爲正式工人，或者現今的順利升上理想高中，十六歲至少都該是一個孩童轉向訓練獨立的關鍵時刻，在此之前，也許我們可以處處依靠父母與兄長，但跨過了這個成人禮的關卡後，最重要的便是試著訓練自己的能力以及獨立判斷的機會，否則，若是等到二十歲離開學校之後，才開始試著去面對社會上諸多的問題，總令人感到爲時已晚，根本沒有磨練的機會。

七夕也是中式傳統情人節，今天的年輕朋友們也許用玫瑰花和巧克力來度過這個美麗的日子，拜七娘媽、出鳥母宮的舊俗，也許不合現代人的口味，但請千萬別忘記了，十六歲的少男少女，正是情竇初開的時候，他們對於情與愛的認識，也許正如「做十六歲」一般，需要自我的判斷與省思吧！不是嗎？十六歲，也是足堪擔大任的年齡，認識這點，必然超過無數痴情夢幻的情愛！

——原載一九八七年八月三十日《自由時報》副刊

年景融融
——台地傳統的春節習俗

在古老的年代裏，雖說年是吃人的猛獸，人們只好燃燒竹子，發出爆破聲來驅逐之，但幾千年來，務農爲本的先民們總是那麼地重視這個冬藏之後的歲時，大夥兒都把工作告一段落，趁著這幾天空檔，到親友家拜拜年，串串門子，或是到廟埕上去看三天三夜的戲、再玩上兩天兩夜的牌……等這一切都結束後，春雨也下得差不多了，正是下田播種、插秧的好時機。

近幾年來，雖說工業社會取代了過去農村的淳厚、親切，免不了有人會感慨年景一年比一年淡了，過年的氣氛更是一年不如一年濃厚，但無論怎麼說，農曆年仍是非其他節日所能取代的。從臘月開始，百貨公司的「出清存貨大打折」拉開了年的序幕；年前一、兩個星期，返鄉車票開始發售、全台各地都是大排長龍的人潮；接下來不知道從那裏冒出來那麼多的小販盤據大街小巷，賣紅包袋的、賣鮮花的、賣蔬果魚肉的、賣炮燭烟火的……無一不在提醒人們，年關近了，買點吉祥的東西回家去增添幾分喜氣吧！

人們就這樣買買辦辦，期期待待，年總算來了，當然它已經不再是吃人的猛獸，就算舊的一年裏還有些公務未了，一些雜事沒整理完畢，也都顧不了那麼多了，這幾天就是要讓人好好休息的，到郊外走走，舒暢一下整年來爲了工作、生活而緊繃的身心吧！或者，換一幅心情，仔細品味從古到今的融融年景，也是另一番享受呢！

談到年景，最能引起聯想的莫過於春聯，年畫、壓歲錢、年糕之類的東西，其實，舊式的過年裏，還有其他許許多多的禮俗早被人們疏忽了呢！

元日蚤起，少長咸集、禮神、祭先、羹飯後，詣所親及朋友故舊賀歲；主人出辛盤相款洽，俗謂之賀正。過此日爲常。是時屠蘇爲政，醉人酣劇，相望於道，至五日乃止；謂之假開。

元旦起至元宵止，好事少年裝束仙鶴、獅馬之類，踵門呼舞，以博賞賚，金鼓喧天，謂之鬧廳。

——高拱乾《台灣府志》

元旦清晨，比屋焚香，衣冠拜神祇祖先，然後出門，向吉方拜親友，謂之賀正。

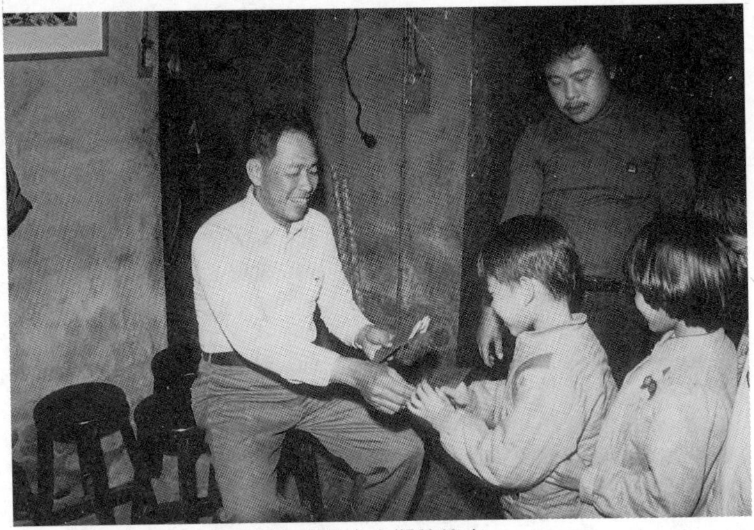

▲分壓歲錢，一直都是新年中最令人期待的事。

▼每逢年關，市街上擠滿了買辦年貨的人潮。

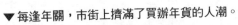

放爆竹以迎喜、辟厲。

初四日，民家備牲醴，燒紙輿馬，謂之接神。

——周璽《彰化縣志》

元旦，各家先潔室內，換桃符，鋪設一新。三更後，開門祀神，燃華燭，放爆竹，謂之開春。次拜長上，晋頌辭，出門訪友，投刺賀見面，道吉祥語。客至，饗以甜料檳榔，一品即行。親友之兒女至，以紅線串錢贈之，或百文數十文，謂之結帶。是日各家皆食米丸，以取團圓之意，或絕葷，祀井門竈，爆竹之聲日夜不絕。

初二日，祭祖於家，新婚者以是早往外家賀春，設宴饗之，婿歸贈以儀。

初三日，出郊展墓，祭以年糕甜料，自是日至暮春，墦間之地，往來不絕。

初四日，備牲設醴，燒紙馬，謂之接神。市肆始開門貿易。

——連雅堂《台灣通史》

新正：初一至初五日，謂之新正，或稱新春，家家門上貼春聯，歲序更新，萬象皆春。

初一·開正：新正行事，以「開正」開始。開正時刻，按年不同，概依各年干支而定。除夕，各户守歲，通宵達旦。門口懸紅綵、八仙綵，廳堂點燈，神桌燃燭，神桌上，供疊柑塔，供拜甜粿（年糕）、菜頭粿、芋粿、發粿等年粿，粿上插「飯春花」。香爐枱前，供奉紮紅的麵線三杯。神前，祖先靈牌前，供奉清茶、甜茶（紅棗茶）、甜料（甜仁、紅棗、糖菓等類）。神桌前之八仙桌圍桌圍（桌裙），桌上或排宣爐机，或放水仙花、牡丹、梅花等高貴名花之花盆花瓶。時過午夜，一至開正時刻，一家大小齊燒香，祀神，祭祖先，恭迎新年，以迎喜避厲，乃由長上挨次行三跪九拜禮，祀拜極誠虔。繼之，燒壽金（印有壽字之金紙）、刈金（印有財子壽三神像之金紙），燃放爆竹，實是「爆竹一聲除舊歲，桃符萬户更新年」。拜後，各喝甜茶，祝賀「新年恭喜」。開正後，始去就寢。

噴春：開正時，及新正期間中，每有「噴春」之鼓吹隊（三、四人為一隊之小樂隊），三三兩兩，挨户在門口廳堂，吹奏吉祥音樂，如「天官賜福」、「滿福天官」等曲為賀。禮賞之以紅包。

另有巡回街内，演八仙、慶賀、千金送子等吉祥的戲目者，也有乞丐手執「搖錢樹」（榕樹枝懸掛串紅線的古錢），口唱：「狀元子，舉人孫，一文分，生查埔（男）孫」「新正大發財，錢銀湧湧來」等吉句乞錢。

求吉利：新正，全家老少，談笑風生，以求吉利。俗謂「新年頭，舊年尾」，事事應和洽吉利。爲求吉利，新正期間中，多有忌諱，例如：忌煎粿，此因忌粿煎焦（「焦」字台語同赤貧之「赤」），解爲不祥。忌毀損碗盤瓷器，如不愼打破，則包紅紙，於過正後棄入河中，念吉句「撞破瓷，錢銀一大堆」，以之化凶爲吉，他如：垃圾忌掃出門外，而暫留於家中，如是，以免掃出家財福氣，人與人之間，口不出惡言，不與人打架，父母不可打罵兒女。忌用刀類，要用刀切時，概以手代用。也忌用白色，往昔，年糕都不用白糖，而用烏糖。又忌食粥，俗以元旦食粥，此一年中遠行，必遇風雨不利。忌禁午睡，男子犯之，謂田畦必崎，女子犯之，謂土竈必崩。類此，可知新正求吉祥之切。

初二．做客：自初二起，媳婦回娘家探親，稱曰「做客」，即歸寧。做客，不限日期，多在正月中。歸寧時，隨帶禮品，謂「帶手」。外家（娘家）有兒孩，則另帶送紅包。女兒有兒孩，外家則送鷄腿，或用紅絨線繫古錢，掛於孩頸上，謂「結衫帶」。俗說「有爸有母初二三，無爸無母鬥擔擔（幫忙人家的做客，抬擔子）」。新正的做客，無父母的也由其兄弟帶回探親。

初四．接神：舊臘廿四日「送神」，昇天奏報之灶神與地上諸神，於此日下降，回到人間。爲此，各戶廳頭供拜牲醴、果品、甜料等物，及燒金紙、神馬（紙上印有馬形，以供諸神乘駕），燃放爆竹，接迎諸神下降，降賜吉祥。俗謂「送神早，接神遲」，則以為送神應於黎明之前，越早越好，反之，接神祭儀概於過午以後始舉行。

初五．隔開：「隔開」，意即新正至此日結束。因而撤去供拜神明之春飯、年粿、甜料、柑塔等物。撤去之春飯（年飯），傳以其盛春飯之碗具，碗底若有濕氣，則占此年多雨。又，春飯炒油保存，以備日後，可治兒孩痢疾或氣喘病云。自此日，待客亦停用甜料，屋內積穢，掃出屋外。如是，一片新正景象，漸復正常。

——吳瀛濤《台灣民俗》

從清初康熙三十五（西元一六九六）年的府志記錄，到戰後一九八〇年，上述的每一段文字，都為不同的時代留下不同的樣貌，也留下了變異的軌跡，而在吳瀛濤先生之後的一、二十年間，正值台灣脫胎換骨，經濟起飛，民生富裕，經濟主導一切的年代，許許多多傳統的文化風物都被當作不合時宜的東西拋棄殆盡，傳統年俗的消逝也是快速而徹底。

過去的年代裏，春聯、年畫、年糕、炮燭都是過年不可或缺的吉祥物，這些習俗雖仍留存至今，却也改變許多。舊時敎書先生代村民們書寫的春聯，如今換以街頭販賣的燙金春聯，傳統的家庭，貼春聯一定要左右兩直聯再加上一横聯，且不只是大廳門要貼，院前的大門也要貼，如今的公寓房子，能夠貼上一塊「恭禧發財」就算不錯的了。過去木版印製的年畫，如今改成塑膠製的財神爺像；至於年糕，少了大灶，自然也缺了蒸年糕時白煙直冒，全家共同期待的氣氛，多數人寧願花錢買一小塊應景，還怕傳統的糕粄沒人愛吃，更有用羊羹製成的代用品，這種種，該說是現代人的馬虎，還是挑剔呢？

新年燃放鞭炮的習慣雖仍未改，對年輕一代來說，傳統劈劈叭叭的鞭炮怎及變化萬千的蜂炮或是沖天炮呢！商人們爲了應付時代潮流，製造出更多稀奇古怪的鞭炮來，從舊式的水鴛鴦到最現代化的「仙女散花」、「孔雀開屛」、「鯉魚炮」……無一不是吸引年輕人的玩意。

傳統的辦年貨，一直都是年前重要的工作，每每辦起年貨來，總要堆積如山，得吃上好幾天才吃得完，主要的原因是在新年期間商家休市，想買東西都買不到；如今辦年貨的習俗雖仍存在，現代人辦的年貨卻都是皮衣華裳，尤其是年前百貨公司都競相打折，人們手上大都擁有一筆年終獎金，毫不吝惜，小至皮鞋，大至汽車、電視，無一不被競相搬回家，至於吃的年貨，反而是簡單買一些罷了，現代社會只要有錢，很難買不到東西了。

利用春節期間旅遊也是現代人過年的重點，許多人一放年假，便隨著旅行團遊東南亞或歐美各國了，經濟較不寬裕或沒時間飄洋過海的人，免不了也要到島內的風景區走走瞧瞧，儘管每個人都知道這時候出門，必然人山人海，人擠人，人看人，但在平日又找不到稍長的假期，湊湊熱鬧也沾一點新春的喜氣吧！

台灣人過年還有一項古老的習俗，就是賭博，這項習俗隨着一年比一年愈淡的年味，反愈受人們的喜愛。賭博的方式從擲骰子、四色牌、天九到撿紅點、打麻將樣樣都有，農業社會時代，原只爲新年的氣氛助興，不僅大人們在家裏賭，孩子們也在街上與人賭劈甘蔗、剝橘子，如今劈甘蔗、剝橘子之類的小兒科玩意可沒人青睞，要賭就得玩眞的，輸贏也相當大，有人不只把年終獎金輸光，甚至還負上十幾二十萬塊錢的賭債！每個人也都知道這種「年俗」早應革除，但可悲的是，我們拋棄了許許多多深具意義的年俗，却把這惡俗一代一代的相傳下來！

現代人過年可眞是千奇百怪，只要是變得出的把戲，都可視爲現代的年景，只是這些刺激或消費取向的年景，都少了深厚的涵意，也許就如現代人的拜年一般，說完「恭喜發財」，必然接着「紅包拿來」吧！

——原載一九八七年一月《民衆日報》春節特刊

第二輯

醮典祭儀

建醮祀神，萬民永樂

——台灣地區各類醮典概況

過了涼風習習的九月天，原本在田野間翻動着金黃身影的二期稻作，也隨着冬的腳步而逐漸成爲曬穀場上、甚至穀倉中的新貴；新割過的稻田，慵懶懶地躺在冬陽下，多數成了孩子們嬉耍、爌窰的樂園，有些勤儉的婦女，也會闢出一些菜圃，種些蘿蔔或者長年菜，趕在年前收成，或曬或醃，製成鹹醬食品，以儲存到來年食用。除此之外，彷佛只有「做醮」這類的神明事，才值得許多鄉民父老們興沖沖地忙上好一陣子。

●立冬之後打大醮

沒錯，所謂「立冬之後打大醮」，明確地說明了秋收之後到農曆春節前，正是台灣民間盛行「做醮」的季節。選擇在這個時候「做醮」，乃因農業社會時代，冬藏之後的人們，不但有一段較長的空閒時間，也才有稍寬裕的經濟，更重要的則是感謝神祇們庇佑這一年的風調雨順，五穀豐登！現今社會雖已轉型，以農立業的基礎與精神仍深植在廣大人民的心目中，每屆冬季，南南北北，總可見到許多的廟宇忙着搭醮壇、豎燈篙，準備建大醮。

所謂「做醮」，最初的意義僅是祭神。《昭明文選》宋玉〈高唐賦〉謂：「醮諸神，禮太乙」，此時的「醮」，只是單純的祭祀之意。此後，醮的方式不斷改變，至隋代已演變成：「夜中於星辰之下，陳設酒脯、餅餌、幣物、歷祀天皇、太乙、祀五星列宿，爲書如上章之儀以奏之，名之爲醮。」（唐魏徵《隋書》），到了明代以後，僧侶道士搭壇祭祀也都稱之爲「醮」。

位處海島的台灣，移民都來自中國，民俗風情大體仍傳襲自中原故土，但受海島環境、墾拓、交通不便，醫療、生活不易以及早期與先住民族及平埔族人交往、通婚等種種因素影響，使得台灣的建醮活動，無論是在動機、緣由、規模和祭禮等，都漸有不同之處。至日領時期，差異已漸明顯，丸井圭治郎撰《台灣宗教調查報告書》謂：「醮的定義，爲供酒祭神，後來道家設壇祈禱亦稱作醮。而今既轉爲訛意，漸爲對曾經許願而有效之時，賽神表示謝意之儀禮，並非指爲祈願而賽神。」；鈴木清一郎則認爲：「所謂『醮』，就是祈求地方平安而舉行的祭典，可見做醮，就是許（還）願的意思。」（《台灣舊慣冠婚葬祭與年中行事》）

建醮的主要目的，雖可用祈安與還願概括之，但若要仔細分析，還可分爲中元醮、神明誕醮、平安（淸）醮、水醮、火醮、慶成醮、王（瘟）醮、羅天大醮、圓醮等；以舉行時機和規模分，則有定期與不定期以及一朝、兩朝、三朝、五朝甚至是四十九朝大醮等規模不一的醮典。

上述名目繁多的醮祭中，人們較常見的也許只有平安淸醮、慶成醮與王醮，其實每種醮在各地都可見到，而且都含有相當深厚的意義或者必需性，試擇要敍述如下：

一、中元醮：傳統的中元祭典，原爲慶祝地官大帝壽誕而建醮祭祀，後因與佛敎盂蘭盆會混揉成一體，以致偏重普渡，久而久之，多數地方竟訛以「七月十五日……値中元地官赦罪之辰，諸宮觀設普渡醮」（宋吳自牧《夢粱錄》），此中元醮實爲單純的普渡，淸季台灣尙因「荒郊多鬼……故淸明、中元，延僧道誦經設醮之事日多」（陳夢林《諸羅縣志》），而今，仍保有做醮規模與形式的，僅餘基隆的中元祭。

二、神明誕醮：舊時的民間信仰，每逢神明壽誕，大都設醮慶祝，廣東《澄邁縣志》載：「五月十三日，關帝誕，設醮賽願。」台灣有許多地方的寺廟（以台南市最具代表性），每逢神誕均固定建神誕醮，但都僅一朝，僅拜天公而不普渡，一直都不甚爲人們重視。

三、平安醮：一般爲祈願或還願而建的淸醮，雖然名目各不相同，但都屬平安醮，此醮爲祈求或者感謝神明庇佑平安而建，素來最爲普遍且爲人重視。

四、水醮：清季之前，由於水利工程不甚完備，河川經常泛濫成災，淹失良田、村莊，災區居民爲祈往後平安，乃行水醮以祭水神並祀寃死水中的孤魂野鬼；此外，有些人也視一般醮祭中的放水燈，或請水儀式，爲水醮之一類。

五、火醮：火醮與水醮的緣由相似，爲避回祿之災而建，現今許多寺廟建王醮之前，大都有「送火王」儀式，意義與火醮頗似，另也有少數寺廟於建大醮前，先行一朝火醮祈求回祿遠颺，全境平安。

六、慶成醮：一般寺廟於初建完成或者修葺功成，都要建慶成醮以慶祝，並祈神民同安，不過台地的慶成醮，大都兼含祈安的意義。

七、王醮：王醮爲台地最典型、最常見的瘟醮，其目的乃爲驅逐瘟疫、送瘟王而來，現今已無瘟疫可驅，但台南、屏東、澎湖等地仍有不少王爺廟，每隔一段時間，都要建王醮、送王船遊天河。

八、羅天大醮：規模最大的羅天大醮，中國歷史上重要的記錄有二：一在唐太宗年間，爲建羅天大醮，因經懺不足，乃派玄奘聖僧往天竺取經，回長安後於貞觀十九（西元六四五）年，第一次初建羅天大醮；第二次則在明嘉靖三十四（西元一五五五）年。台灣也曾有兩地舉行過此醮，先是一九八〇年，高雄市關帝廟由六十四代張天師主醮，

▲台灣的醮祭種類繁多，以祈安清醮最爲常見。

▼ 燒送王船啓建的王醮，盛行於南部地區。

二爲一九八四年，台南鹿耳門天后宮的羅天大醮。羅天原指：「八方世界，上有羅天重重，別置五星二十八宿」（《雲笈七懺玄妙經》），可見羅天大醮乃是上通九天，道教科法中最大的醮祭，醮期長達四十九天，醮禮繁複，一般寺廟都不敢輕易嘗試。

九、圓醮：一般不定期、規模稍具的醮典（含少數十二年一科的定期醮），於醮成後三、五年內，爲感謝衆神庇佑諸事順利、閤境平安，需另建小醮以示功德圓滿，醮事完成，因而圓醮也稱完醮或者醮尾。

●小廟做小醮、大廟建大醮

民間爲不同的需要與目的，創造出了林林總總的醮類，但這些意義不同、種類各異的醮，又該在什麼時候舉行？規模該大或小呢？

大體而言，台灣的定期醮分例年、三年、四年、六年、十年、十二年、廿年……六十年舉行一次等幾種，其中以例年、三年、四年、六年醮最爲常見，神明誕醮、中元醮及南部與澎湖較盛行的主醮都爲典型的定期醮，但也有每隔三年或四年，需經神明指示的不定期醮；這些不定期醮則都爲因應某些特定目的而行的醮典，水、火、祈安、慶成等都屬不定期醮，但也有少數寺廟，每隔六或十二年，定期舉辦祈安清醮。

除了神明誕醮與中元醮，定期醮雖固定在某年舉行，但每次舉行的日期都不盡相同，決定日期的方式，大都係神明「降旨」，另也有由法師擇定良辰吉日，再擲筊請示神明同意的。不定期醮的舉行，方式更多而奇特，除上述兩項，另有神明託夢、管理委員會開會決議……，甚至是因太久沒建醮而建醮等等奇怪的名目與理由。

建醮的目的、形式、種類與時間決定了之後，最後一項需確定的便是規模。影響建醮規模大小的主要因素有二：一爲寺廟的屬性，二係建醮的天數。屬性指寺廟屬人羣廟抑或角頭廟，前者信徒遍及全台，神明顯赫無遠近之分，南鯤鯓代天府、北港朝天宮、鹿港天后宮以及松山慈佑宮皆爲台灣代表性的人羣廟；後者係指某村人民專祀的寺廟，管轄的範圍固定，信徒絕少外地人。毫無疑問地，人羣廟醮的規模大於角頭廟，管轄村莊多的角頭廟也勝過小村小里的角頭廟。

建醮的天數，也是人們慣以用來衡量規模大小的標準，舉行一天的醮稱一朝醮，兩天稱二朝、三天稱三朝，最多可達四十九朝之久，建醮的天數愈多，規模自然也就愈大。一朝醮最盛行於台南的神明誕醮，二、三朝醮則爲地方角頭廟最適合的規模，五朝以上的大醮，則非人羣廟莫屬，不過這只是概略地歸類而已。一九六八年，南鯤鯓代天府舉行過一次轟動全台的慶成醮，規模也僅五天而已；一九八七年，將軍鄉漚汪的角頭廟文衡殿，也行五朝醮慶成；此外，一九八四年，鹿耳門的天后宮，更舉行了一個長達四十九天的羅天大醮，三年後再行一個九朝圓醮，改寫了台灣醮朝最長的紀錄。

●組醮會，豎燈篙

無論是那一類型的醮，無論規模大小，當某寺廟決定建醮時，小至當境，大至全台民衆都會以欣喜與充滿期待的心情來迎接（一曰神明醮與私人神壇所辦的醮祭例外），在建醮前好幾個月，廟方便得先組織建醮委員會，選出各柱首，這些柱首雖然每座廟的編制不盡相同，但大體不脫：主會、主醮、主壇、主普、副會首、協會首、都會首、讚會首、天官首、地官首、水官首、三官首、城隍首、天師首、北帝首、普渡首、聖母首、招財首、進財首、五福首、上元首、中元首、下元首、延壽首、解連首、啓請首、總緣首……。這些柱首受命爐主指揮，分別負責有關建醮祭祀的一切事宜，諸如搭醮壇、請道士、製作醮燈、糊大士爺、山神、土神、四大元帥、寒林所和同歸所等，這些煩瑣的雜事在進入醮期之前，就必須處理完畢；此外，總務組的人員，也得挨家挨戶地收取三百元至一千元不等的「丁口錢」（或「醮燈錢」）有了這些經費，廟方才足以維持建醮期間龐大的開支。

醮期慢慢近了，建醮的地區家家戶戶都懸掛起紅或黃色的醮燈，各角頭分別搭設的天師、北帝、城隍、福德和觀音等壇，更以華麗的裝飾或繽紛的燈光襯托出建醮的熱鬧氣氛。及至正式進入醮期，無論是什麼樣的醮典，起始的重頭戲都是豎燈篙，所謂「東

▲無論什麼醮典，都必以豎燈篙揭開序幕。

風旛旗飄，鬼神踩燈來」，燈篙乃爲招引天界衆神與陰界衆鬼而設的，醮不論大小，主事者對豎燈篙都以最愼重的態度處理。

豎燈篙從選材開始，便不得馬虎，「燈篙的『篙』，一定是材質高、直、硬而去枝留尾的青竹，這種俗稱『透脚青』的帶梢青竹，廣泛的被應用於民間的婚喪喜慶，青竹自古就是吉祥、避邪之物，而留尾帶梢則是『大拍尾』，即有始有終、『有好尾』之意。」（黃文博《台灣信仰傳奇》），選好材後，於良辰吉日，要先將篙豎立在代表大的廟左側或左前側，等到正式進入醮局，按建醮的行事曆，由道士正式升起燈篙。

豎燈篙雖爲各寺廟招請鬼神的共同語言，但因神的性格、醮的種類以及負責法事的道士派別不同，所豎的燈篙也有頗大的差異；以陽陰竿爲例：傳統的燈篙本分陽竿與陰竿，陽竿豎左，分三根或五根分別懸掛天布、天錢、天燈、醮旗、令旗等，主要的目的乃宴請天界諸神；陰竿豎右（傳統觀念左尊右卑），懸掛七星燈、地布、地錢、幡頭、七層幡等，以招引陰間的遊魂野鬼；現今仍遵守這個模式的，僅剩南部少數的瘟醮，其餘有僅豎三根燈篙，分天、地、人竿者（新埔義民廟）；有連豎十幾根燈篙，都掛上醮燈者（此例頗常見）；有連豎六十根燈篙者（屛東北極殿）；而在台南地區，更有廟方只豎天燈與七星竿，每家每戶都各豎燈篙者（柳營代天院），《安平縣雜記》載：「捐緣之家，皆豎一燈篙，或二、三丈、或四、五丈，篙畔懸一小黃旗，書曰『祈安植福』。夜間各燃一燈，點點紛列，燦如明星，亦大觀也。」

各廟各醮所豎的燈篙大不相同，但無論是天燈或地布，都不敢升得太高，主因民間俗信，燈旗愈高，所招引的衆神諸鬼愈多，若民衆準備的普渡祭品不足，吃不飽的惡鬼將留在境內危害地方，因此一般的燈篙都只升十二尺左右，山區的燈篙稍高些，但都以不超過廟簷爲限。此外，分設有陽陰竿者，陽竿的天燈、天旗大都高過陰竿的地布、七星旗，台南柳營代天院請神的天燈懸高十二尺，宴鬼的七星燈卻離地不到半尺，可見人們都樂於請神而不願與鬼打交道。

燈篙正式豎起後，廟方得在燈篙下設香案，奉祀燈篙神，所建若爲清醮，燈篙底下還會用竹木圍住，禁止任何人靠近，一防不潔之人冒瀆鬼神，二因篙脚爲不吉之地，避免信徒惹禍上身。但若係瘟醮，燈篙脚卻成了可乞求吉祥之地，人們不只穿梭在燈篙下以祈平安，甚至還伸手摸篙脚的高處，以求步步高陞。

●繞境祈福安，大戲慶落成

豎起了燈篙，當境的子民便需齋戒沐浴，不只一般家庭禁食葷菜，市場菜販、飲食店、雜貨舖也不得販賣葷食，連蒜、葱、辣椒等物也不吃，同時更禁色情、忌咒罵、傷害，以清淨人們的腸胃，潔淨人們的心靈，直到醮祭結束前的普渡之後，才可開葷並大宴賓客。

正式入醮以後的科儀，日人鈴木清一郎曾歸納整理出一套較完整的儀式：第一天，鬧壇、開光（大士爺及福德、山神、四元帥等）發表啓請、安灶、開灶君經、開福德、開三宮、開北斗、開星辰、獻供、上元懺、中元懺、下元懺、開龍神經、開龍神懺；第二天早朝科、午朝科、獻供、放水燈、晚朝科；第三天啓聖、開禁壇科、啓請中白、洪文協讚、獻供、謝三界、宿朝科、酒浮孤魂；第四天，玉壇奏表、豎旛、請佛、請三界、請觀音、安監齋、開梁皇、獻供；第五天，淨壇、祝聖、金山拜醮、獻供、開梁皇、金剛延壽、謝三界、揚旛巡筵、普施、謝壇、謝燈篙、送神等活動，這套儀式應爲日領時期，台灣最普遍的清醮科儀，相隔五、六十年之後，現今的清醮已愈顯複雜，所頌經文更多，各寺廟也喜歡加添一些可吸引羣衆的活動，諸如文昌科儀、催關渡恨或出巡繞境、遊藝表演等，其目的顯然是爲吸引人羣的參與，讓整個活動更熱鬧。

這套一般清醮的模式，大體上也適於慶成醮上，但醮典中，需加入跳鍾馗，開廟門或者安龍謝土等儀式，視各地風俗而定。民間俗信中的鍾馗，爲專司驅魔逐鬼之神，新廟落成之初，跳鍾馗乃爲驅逐廟境四週的孤魂野鬼，再正式敞開大門以示落成；安龍係將龍神安於廟中，以奠安廟基，謝土則是工程結束，感謝土神。這些儀式大都在慶成醮最後一天舉行。

傳統的慶成醮或祈安醮，都頗重視「正棚戲」，「正棚戲」乃指正對廟門演出的野台戲；舊時人們演戲的目的乃爲神，因此「正棚戲」不只要演正本大戲（一般都爲純正的北管戲，歌仔戲及其他劇種因有汚穢的內容或對話無法上正台），更因「女人不潔」觀念的影響，戲台上禁止女人出現，所有的旦角都由男人扮飾。近來因北管戲式微，人們觀念也不斷改變，感官的需要遠超過傳統的道德觀念與心靈的昇華，不說正棚戲禁止女人上台，許多地方，甚至就正對着神明，請來女郎大跳艷舞，這點，多少說明了這個社會的品質，日益走上庸俗化與粗糙化，而代表傳統文化最後保壘的寺廟，竟是敗壞風氣的濫觴，怎不令人感到悲哀和無奈呢？

●送火王，招引衆丐

清醮或慶成醮的目的仍爲祈安植福，王醮卻應驅逐疾癘而生，這兩類醮的科儀差異更大；陳文達修《台灣縣志》載：「台尚王醮，三年一舉，取送瘟之義也；附郭鄉村皆然。境內之人，鳩金造舟，設瘟王三座，紙爲之。延道士設醮，或二日夜、三日夜不等，總以末日盛設筵席演戲，名曰請王；進酒上菜，擇一人曉事者，跪而致之。酒畢，將瘟王置船上，凡百食物、器用、財寶，無一不具。十餘年以前，船皆製造，風蓬、桅、舵畢備，醮畢，送至大海，然後駕小船回來。近年易木以竹，用紙製成，物用皆同。醮畢，抬至水涯焚焉。凡設一醮，動費數百金，即至省者亦近百焉，眞爲無益之費也。沿習既久，禁止實難……」

王醮的重點除燒送王船，往往也喜在醮祭前，先行一朝的水、火小醮，一九八七年初舉行的佳里金唐殿五朝王醮，便在王醮前兩天先行火醮，科儀包括：火醮起鼓、發表、火王開光、消禳火災妙經、玉樞寶經、北斗眞經、三官妙經、午陳香烘、上元寶懺、中元寶懺、下元寶懺、禳祀火炟列聖、驅除大疫、恭送火王、煮油淨殿、鴻壇奏樂等。有些規模較小的醮，雖不特別舉行火醮，在科儀之中，也有火王開火、滅火送駕、煮油淨穢等儀式，劉枝萬認爲：「台南地方建醮，多於其前天，加行火醮，因係一天醮儀，規模不大，節目較少。據云，火醮旨在驅逐火災於境外，故曰『禳熒祈安』，實則往昔改火習俗之殘存，偶然濃厚地被留於現行之道教科儀者。」（《台灣民間信仰論集》）

醮類的不同致使科儀的差異，南、北的地域分野，也使得兩地的醮有許多不同之處，諸如北部醮較重視醮壇的裝飾，南部醮卻較重視動態的活動；北部醮舉辦的頻率較低，南部醮相對地頻繁許多；此外，北部醮幾乎從不見「狀元府」，南部稍大的醮幾乎都設有「狀元府」，收容來自五湖四海的乞丐們。

舊時人們建醮，無論醮類與目的如何，重點大都不脫「普施」，衍伸自盂蘭盆會的普施，本爲普渡陰間的衆惡鬼遊魂，由於早期台灣移民大都赤手空拳而來，全靠墾荒闢地以維生活，大都經濟困乏，不少人或因病或其他種種因素，淪爲乞丐乞討維生。能籌募得相當金錢建醮的廟宇，大都肯本着人溺己溺的精神，分些食物與金錢給那些生活無以爲繼的人們，爲了方便管理，免得四處乞討，壞了醮場聖淨，特別搭設臨時住所，收容所有的丐幫中人。

美名爲「狀元府」的乞丐寮，現今大都用塑膠布棚搭設而成，在入醮之前便需完成，並派專人管理，以收容自建醮前一天，便由各地湧來的「狀元們」，至於進駐「狀元府」的資格，需持有低收入戶證明者；不過一般的社會人士，打也打不入「狀元府」，因此只要肯去登記者，大都來者不拒。南部地區入醮之初，只見帶着包袱與棉被的各路「英雄好漢」，扶老攜幼，甚至全家前來報到；這些弟兄們，進駐「狀元府」後，只要遵守不偷、不搶、服從管理人員指揮的三大原則，便可安安心心的住在府中、吃在府中，直到醮期結束，臨走前，還可領到幾斗米或者一些零用錢。

隨着社會的進步，「狀元府」存在的價值日益減弱，但這個以人溺己溺爲出發點的建醮附屬行爲，最能說明古來台胞寬厚、博愛的精神。

●度生靈、登樂土、神民永樂

嚴格說來，民間信仰中最高祭典的建醮活動，儘管種類、規模與形式各方面都有頗大的差異，但每個醮典「祈安植福」的企圖都不謀而合。此外，醮祭中的每個細節，都蘊涵了國人敬畏鬼神，尊崇大自然的精神，醮祭中的每個陳設，也都有不可取代的功能和意義。先說醮壇，醮壇乃爲普渡而設，《黃帝內傳》曰：「帝築圓壇以祀天、方壇以祀地，則圓丘方澤之始。」此外，也分別代表各角頭祈求平安之意；燈篙則爲招引衆鬼，而衆鬼來醮壇，爲防其爲惡地方，統一交由大士爺管理，衆鬼們休息的場所，則有同歸所、寒林所，另也有沐浴亭以及男堂、女室等；所有的建醮內場，都禁閒雜人物出入，派駐的守門人可禁止善男信女接近，陰界的好兄弟，則需借重康、溫、馬和趙四位元帥鎮守；普渡之前的放水燈，乃普施溺死於水中的寃鬼們……。

這一切一切擧不完的例子，幾乎都告訴我們，原始的醮祭，乃爲「超度生靈，脫於沉幽，各登樂土。從此，魂魄相安，神民永樂，殊方異域，皆成舜日堯天，滯魄寃魂，盡化和風甘雨，豈不休哉。」（《埔里壬子年祈安清醮手册》），因而，自古以來，人們對這個「上啓七星五帝、三台命錄、六甲等神，伏願一一降臨，歆饗醮禮」的最高祭典，無不以最虔敬、最隆重的態度擧行之。然而，到了近二十年來，社會結構的變貌與傳統精神的異質化，不只影響了一般的民俗信仰，甚至連自古以來皆爲大典的建醮活動，也漸淪爲某些寺廟自我宣傳和斂金聚財的工具，於是乎，「今年建清醮，明年慶落成，後年送瘟王」的例子愈來愈多，若照此發展下去，也許不必再過幾年，建醮的隆意

▲放水燈往往是最引人注意的重點。

便很難再尋及了。

這絕不是台灣人所樂見的，我們希望，每一個總動員地方人力、物力與金錢的醮，除了能給莊閭煥彩外，古來敬神畏鬼、人溺己溺的寬厚、博愛精神，更能夠代代相傳下去。

——原載一九八八年一月號《台北人》第5期

建醮見親疏？

——台灣地區醮祭中的城鄉差異

自古以來，蘊含「禳災植福，冀求合境平安」隆意的醮典，素爲台灣民間信仰中祭儀最高、最受重視的宗教行爲。近年來，更因社會的富庶與安定，建醮活動日益普遍且種類繁多，每醮所顯露出華麗無比、多彩多姿的現象，每每令人眩迷，尤其在某些特定的年份，經常是入秋之後便醮祭不斷，從南到北幾乎都是一醮完後又一醮的場面，不禁令人想問：爲什麼會有這麼多的醮？

台灣的醮祭，會集中在特定的幾年，約有二因素：一是該年年份特別好，大家想藉好年份取得好彩頭，民國第二甲子年便是一例；二是「歹生相」後的次年，許多醮都擠在一起建，自然顯得熱絡異常，有些地方認爲老虎與狗爲「歹生相年」，這兩個年份不願建醮，因而許多醮便移到兔年和豬年舉行。關於這點，南部著名的天師府大法師金登富解釋說：「其實並不是虎年絕對不建醮，只是虎的地支爲寅，坐北向南的廟正與寅相沖，絕不能建醮，台灣這種座向的廟甚多，他們當然得避開虎年，將醮典移到次年舉行，還有更多的醮再延一年，等到第三年再建龍醮，而中南部逢三的王醮（西港、安定、東港、小琉球）也在龍年逢科，因此往往龍年會更加倍熱鬧！」

建醮中，為維護醮場的「聖潔」出現了許多禁忌，要境內衆善信遵守，其中最重要的莫過於禁止「不潔之人」進入醮場，金登富法師的解釋是：「所謂不潔之人，指身帶喪服、孕婦、產婦甚至月經期的婦女，顯然因舊時重男輕女的觀念所致。少數被允許進入醮場的人，身上也不得配帶任何皮製的東西，像皮衣、皮帶、皮鞋等，因為這些獸皮都是殺生所得。進入醮期之後，絕對禁止殺生與吃葷，早些年還得『封山禁水』，禁止境內信徒上山打獵、採樵、下海漁撈或捕殺任何生靈！這些年來，有些儀式漸漸被淡化，不過禁葷與禁殺生，實在是件功德無量的好事，可惜現代人愈來愈不肯理會，許多禁忌的維持便愈來愈不容易！」

同樣的醮典，由於南北兩地地域、環境以及民情的不同，也產生頗大的差異，試以丁卯科的台南將軍醮和台北松山醮做一比較，最能反應現實環境對民俗文化的影響。

●保生大帝的祈安醮

台南縣的將軍鄉，是「嘉南平野邊沿上的一個寒村」，它的開拓，民間相傳係施琅取澎湖後，率數萬水軍直撲現將軍鄉臨海的將軍港。清廷得台後，東至烏山頭，西抵馬沙溝的土地便賜給施琅，當地也因施琅將軍而得名「將軍」。

臨海的將軍鄉，本是個貧瘠的小地方，又因天然環境的影響，地方的宗教信仰分成漚汪、苓仔寮、馬沙溝與將軍幾個角頭，漚汪爲鄉治所在地，馬沙溝則爲一漁港，天然環境比起金興宮所在地的將軍好過許多；因而同在丁卯科的醮典中，漚汪行五朝大醮，還藉醮祭舉辦了一屆「民間劇場」，將軍角頭却只能辦角頭性的三朝清醮。

主祀保生大帝的金興宮，爲典型的角頭廟，管轄的區域僅將富、將貴兩村；廟初建於清光緒十五（西元一八八九）年，有漁民自中國携回保生大帝神像，經地方仕紳合議，決議建廟奉祀，日領及戰後初期，曾兩次因破舊重修，遂成今日廟貌。金興宮雖主祀保生大帝，但臨南鯤鯓不遠，受其信仰圈影響頗大，廟格較偏向瘟神系統。

丁卯年（一九八七年）農曆十一月廿二日，金興宮爲祈合境平安，乃行「金興宮丁卯科三朝祈安清醮法會」，爲南部地區典型的祈安清醮，由金登富法師主醮，正式的科儀包括：發奏表文、啓請諸聖、頌玉樞等經、放水燈、安孤魂、拜天公、登台拜表、登座普施、謝壇勅符……。然因當地受南鯤鯓信仰圈的影響頗鉅，除了正統的清醮科儀，地方人士更私自加入了許多瘟醮的儀式，以增顯熱鬧性。

正式入醮前，廟方先到南鯤鯓「請王」，這個活動，相當盛行於中、南部的瘟醮，多數寺廟於建醮之前，都會到祖廟或神格較高的廟請神來「監醮」（甚至連平埔族的祭典，也請岡山佛祖，可見影響之深），金興宮的請王活動，吸引數百人參加，幾乎所有角頭上的人都出動，盛況可見一斑。

請王之後，另一個受地域信仰因素影響的，是入醮前一天的「送火王」，「送火王」或可謂是「火醮」的縮小；醮前先行火醮的濫觴，最著名的首推戊申科（一九六八年）南鯤鯓的五朝王醮，此後，台南縣境的各大小醮，幾都沿襲此俗。

進入醮期之後，前兩天完全按清醮的科儀行事，到了最後一天，法師登焰口台普施後，地方人士另在廟側，舉行搶孤活動，這原爲中元醮中最常見的舊習，其動機也爲救濟貧困人士而生，後來因屢生糾紛，遭日人禁絕，八〇年代中期曾在恆春重現，如今出現在將軍的祈安清醮中，其目的顯然是爲了吸引人潮。當境民衆對於廟方安排的每一項活動，不管適不適合，無論對或錯，自始至終都熱情地參與，使得這個小地方，突然生氣活現了好幾天。

●天上聖母的慶成醮

台北市的松山區，是台北盆地中開拓頗早的地區，舊稱錫口，原爲平埔族人凱達加蘭族舊居地。清乾隆十（西元一七四五）年，漢人初墾此地，至中葉以後，已漸成漢人

◀將軍鄉的清醮，卻加入許多其他醮典的科儀。

▼雖是沿海貧瘠的小鄉村，將軍醮卻獲得熱烈的迴響。

的勢力範圍，日領時改名「松山」相沿至今。

依照松山地區開拓的血緣關係與信仰圈，松山所包括的地方有：興雅、中崙、車層、中坡、舊里族、後山坡、五分埔、頂東勢、上塔悠、三張犁、西新里與週美村十三個角頭，信仰中心廟正是松山火車站前的慈佑宮。

主祀天上聖母的松山慈佑宮，初建於乾隆四十八（西元一七八三）年，先後於乾隆、嘉慶、光緒與戰後歷次修葺，由於媽祖神蹟顯赫，加上廟址位於台北東區交通樞紐，慈佑宮從最初角頭廟的色彩發展至今，已漸成爲北台灣重要的人羣廟之一。

太平洋戰後至今，該廟曾於一九六三年、一九七五年兩度舉行清醮，相隔最後一次醮廿四年之久後，且又「承蒙熱心衆善男信女鼎力捐助，先後於一九八一年新建東西側廂房，一九八三年初整建正殿，至一九八五年竣工……，一九八七年四月，配合地下鐵路起站松山火車站落成啓用……修建拜殿。」這一連串的整建工程，好不容易全部竣工，乃於丁卯年（一九八七年）農曆十一月廿九日起建「松山慈佑宮丁卯年慶成酧恩祈安醮」。

松山慈佑宮丁卯科的醮，是個複合慶成、酧恩與祈安三目的清醮。該宮闡釋醮會的意義說：「爲十三街庄境內衆善男信女大德，共同酧謝天地之恩佑、衆神之優持庇佑，並同時再祈求風調雨順、國泰民安、四時無災、八節有慶……」；科儀方面，由著名道士李松溪主醮，場內儀禮完全依照清醮的模式，由豎燈篙開啓整個醮的活動，五朝醮中每天的重點分別是：清神發表、放蓮花燈、小普施、放水燈以及最後一天的賞兵、普施等，科儀完整而隆重。慈佑宮不僅是大角頭的角頭廟，又兼扮演人羣廟的角色，自入醮始理應人山人海、盛況空前，然而在台北這個疏離、冷漠的城市，至少有一半以上角頭中的居民，根本未參與這次醮祭，也就難怪建醮典的前四天，除了廟前豎起的燈篙與稍多朝拜的老人，放水燈和蓮花燈時吸引不少攝影人士去拍照，多數人來來往往，依舊只是趕上班、忙回家，最多只是好奇的探出車窗，看看熱鬧而已。

第五天下午，分別代表十三街庄的玉皇、天師、北帝、觀音、福德等十一醮壇同時舉行賞兵與普渡，終於才出現人山人海的場面，把熱鬧的氣氛帶引起來。

自普渡開始，一直到夜裡有些家戶大宴賓客，松山地區也開始人潮擁擠了，而松山市街本就狹小，遂造成人擠人、車堵車，交通整個癱瘓，那整個夜裡，欣喜建醮的氣氛，也許還比不上因塞車而引起的怒罵聲呢？

●拉不近的疏離感

上述兩個醮典所反映出的不同現象，可以發現雖都同屬清醮，因廟格、規模、祭祀圈、信仰圈種種因素的影響，使得這兩個醮出現南轅北轍的差異；將軍的醮雖小，却因人們的親近力強，使得整個醮祭無時不流露出熱鬧、欣悅的氣氛；松山的大醮，投資了大量金錢，搭設美輪美奐的醮台達十一處之多，吸引的却不到全區十分之一的善信，甚至許多祭祀圈內的市民，根本不曉得慈佑宮啓建這個醮呢！城市人的疏離感，連古來最受人們重視的民俗活動都拉不近，還有什麼辦法可以溫暖這個城市呢？

——原載一九八八年一月號《台北人》第5期

醮諸神，祈寧安

——桃園平鎭福明宮的三朝慶成福醮記錄

台灣的宗教信仰，由於移民複雜、外族不斷入侵以及門戶的開放甚早等因素，使得這個小小的海島擁有十幾種不同的教派，大體而言，可分作本土與西方教派兩大類，前者以道教最具代表性，後者則推天主與基督兩教。太平洋戰爭後，西方教派挾現代文明的優勢日漸擴張，本土教派一方面受到政治的壓力，無法推廣教義，再者又因含有較濃厚的巫術性與自然崇拜色彩，而被新一代的知識份子斥爲「迷信」，不過這種信仰勢力的轉移，仍只限於少數的中智階級，對於廣大的羣衆而言，世代相傳，並融爲人民生活習慣的道教，仍爲民間最普遍的信仰，具有最廣大的散播力與影響力。

以積善消惡觀念爲主，自古以來一直維護著民間社會的倫理與秩序的道教，不僅倡揚神仙思想，更以現世報的善惡因果做爲規範信徒的重要法寶。祭禮方面，除例年的歲時節俗與神祇崇祭，更有最高祭典的神醮盛會，每年入秋之後，農民們收割過田中的稻子，便是台灣建醮的旺季；像歲次丁卯年（西元一九八七年），一方面剛過不建醮的「歹生相」虎年，適合建醮的好日子又特別多，故自九月以降，全台各地的醮局不斷，每每吸引數萬民衆前去參與盛況或者大肆吃喝一番。

在這許許多多的醮典中，大都爲祈求平安的祈安醮，此外也有慶祝新廟落成的慶成醮或者大醮之後的圓醮尾……各種類型不一、目的不同的醮典，爲了保持醮場的清淨，防範「不潔」之人（帶孝者、月事來臨的婦女普遍被認定爲不潔之人）破壞醮典的神聖，醮局內場的門禁相當森嚴，僅有少數相關人員得以出入，一般信徒所見的大致是放水燈、拜天公、賑濟孤魂以及普渡等少數科儀，因此一般人往往將「普渡」與「建醮」視爲同義詞，其實兩者大不相同，而建醮盛會中道場中的諸多科儀，都各含有相當深厚的意義與目的，頗值得探討。

●典型客家部落的角頭廟

地呈狹長狀的台灣，不只在氣候、物產等方面出現南、北兩大不相似的類型，在宗教信仰方面，也以台中、彰化爲界，劃分南北兩派，再者移民背景的殊異、寺廟供奉神祇的不同以及道士派別源流的相異，使得各地的醮不只有性質、規模的差異，甚至性質相同、規模一致的醮典，在兩地分別舉行時，其科儀也互有不同。爲了方便敍述起見，試以桃園平鎮鄉福明宮的三朝慶成祈安清醮述之。

桃園縣的平鎮鄉，位於中壢市的西南方，南與龍潭爲界，東與大溪、八德兩鄉爲鄰、西接楊梅鎮，面積僅四千七百餘公頃，人口十二萬餘人，都爲粵籍客家人，信仰中心以宋屋村的義民廟爲主，另各村落大都有屬於角頭性的三官大帝或福德正神信仰。

福明宮便爲一主祀三官大帝、配祀福德正神的廟宇，據該廟誌碑載：「約三百餘年前，謝姓來台祖自福建潭州府移墾，奉請三官大帝香爐以佑水陸平安，到台灣開基畑時，乃奉在家中早晚焚香……後劉氏第一五六代祖奇珍、華珍、璞珍公三兄弟，於乾隆十二年自廣東饒平來台，先居八里坌，乾隆五十四年，移至雙連坡，謝姓人家移至中壢洽溪里，此後兩姓人氏合奉三官大帝，後兩莊人口日衆，乃協議分香，雙連坡所奉之三官大帝，仍設首士、爐主，神位置於爐主家，台灣光復後，輪值爐主多早出晚歸，善信焚香膜拜多所不便，乃於民國七十二年正月初八，由劉興典發起，召集劉興村、張壯南、許漢忠、劉興灯、楊阿冉、劉阿未、劉興强、劉興森、楊阿開、徐秀動、劉阿維、劉興炳、劉阿鋒等人擇三地議建廟，呈請三官大帝指示，選中雙龍福德祠今址，廟址原所有人劉家錦、劉家增兄弟遺贈子孫時曾留言不可亂墾，應捐做神地，各房子弟也遵守父親遺言，不敢移作他用。後廟選定爲現址時，現所有權人劉興金、劉興典、劉興郡、劉興盛、劉興龍、劉興晋、劉興樺、劉興村、劉邦孟等共捐五九〇坪地供作廟址，地方人士乃組籌建委員會，起造福明宮……」

建廟的歷史中，清楚地說明這座位於雙連坡的三官大帝廟，是個典型客家部落的角頭廟。當地因臨高速公路交流道不遠，又與中壢市僅一線之隔，地方有逐漸都市化發展的傾向，語言也有逐漸鶴佬化的趨勢，但基本的生活型態、信仰本質仍爲典型的客家模式，而福明宮早在兩年前便全部完工，爲避過虎年，乃拖至丁卯年農曆十一月初二至初四舉行三天的慶成祈安醮典。

這座位於客家莊，廟裡所有的委員以及信徒都是客家人組成的廟宇，請來主持這次慶成建醮大典的道士，也是住在中壢的客籍道士曾和慶，他是中壢廣盛壇的主持人，爲天師府正一派下門人。

歷史上的道教，一方面必須時時與佛教相互鬥爭，更因中國幅員廣闊，歷代皆有自創門派者，南北朝時便分有：龍虎山的「天師道」，濱海地區的「紫道」以及「茅山道」和「靈寶派」等派，至元代以降，道教的改革勢力興起，全眞派、太一教、眞太教又相繼興起，使得道教的派系更爲複雜。

台灣的道教屬南方派，也就是所謂的天師教，天師教下另有分派，其中勢力最大者，爲齋醮科儀爲主的正一派，因而一般的寺廟活動與齋醮科儀，大都被正一派包辦了。

天師教之外，全眞、茅山、武當等派在台灣也有微弱的支流，而這些教派較重修眞守戒，因此一直較不爲人們所熟悉。

至於道士的職司，一般概以紅、烏頭蓋分之，紅頭道士專司祈安植福、寺廟慶典、建醮、謝平安等，烏頭道士僅司超亡、補運以及喪葬法事等，早期這兩派教士絕不能相互替代，近年來由於學道士的人愈來愈難找，南部有些烏頭道士也兼營起紅頭道士的職務起來。

天師教下的正一派，素以符籙及齊醮見長，許多人都將正一派視爲符籙派，此派自清初傳入台灣後，一直是最大的門派，北部地區因傳入者的不同，再分爲林厝派和劉厝派兩大派系，但其源出一系，在科儀、道場等方面都大同小異，因而正一派的建醮科儀，一直被視爲台灣北部醮典最典型的科儀。

●醮場的佈置與作用

福明宮的慶成福醮雖爲三朝，爲了使醮事順利，早在半年前，廟方的委員們便開始忙上忙下，主要的工作是組織建醮委員會，收丁口錢、招募各頭燈首、醮壇及內場佈置設施工作的發包等，到了建醮前一個星期，還得找來有頭有尾的青竹四根，在廟前剛收割過的稻田間，先矗立起來，右邊三根連在一起爲地竿，上掛招引孤魂野鬼用的地布、七星燈與幡頭，左邊單獨的一根，爲宴請天上諸神的天竿，將懸上天燈與天布，在建醮前三天每天上昇一點，昇到入醮時便正式定位。

入醮前的工作除了豎燈篙外，醮壇的搭設與醮場的佈置也是兩大重點，前者大都發包給專業的公司或道士團處理，型式及擺設，大都以民間故事或歷史演義爲範本，以電動人物造型爲主，配上五彩的燈飾，形成一巨大的彩樓，雖然入夜後光燦奪目，却缺乏變化，各地的醮壇幾無二致。醮場的佈置，是道士團入醮前的重頭戲，俗稱：「看醮場，論斤兩」，可見其重要性。

大體而言，醮場的佈置可分爲鑑醮神祇與護醮諸神。鑑醮神祇乃係在祭祀圈內以及附近常有來往的主要寺廟，恭請其諸神到醮場來「鑑醮」，近年來有些廟宇更千里迢迢地到全台各著名的寺廟，恭請其主神來鑑醮，目的顯然是想藉那些高知名度的神祇來增顯醮典的隆重，並吸引善信！福明宮初建不久，祭祀區又小，請來的鑑醮神祇，大都爲善信家中供奉的神祇，數量也僅百來尊，這些神祇都奉於封閉起的大門內側；最高處則安置紙糊的三官亭，與正殿的三官大帝神像遙遙相對。護醮的諸神乃指道場內的三清神位與諸紙紮的神明，佈置的型式是三官大帝神像前置三清宮，左前分別爲玉皇壇、天京壇，後另置六獸山，右前方則分置紫微壇與地府壇；護衞內場的醮場四元帥則安置於兩側被封閉的旁門附近，祂們之前隔一通道，另置有金山與銀山。

▲道士在廟前為大士爺開光點眼，揭開平鎮醮的序幕。

廟門外的拜亭，最引人注目的便是鎮守大門口，頭長雙角，口吐長舌，青面獠牙的大士爺。傳說中的大士爺爲掌管衆鬼的鬼王，民間每每普渡或建醮，大都請祂來坐鎮，以約束來自四面八方的孤魂野鬼；大士爺兩側，另有接待孤魂野鬼用的寒林所與同歸所，同歸所後，設有更衣亭與沐浴亭，乃爲了方便孤魂野鬼更衣與沐浴而設的。此外，廟兩側的側門口，分別置有山神與土地神鎮守，以防遊魂野鬼隨意進入內場，破壞醮典的清淨。土地神的右側，另還有一座褒忠亭，這是台灣北部客家地區特有的設施，乃受義民爺信仰的影響；嚴格說來，新竹地區的義民爺也應屬有應公崇拜，因這些抗林爽文而喪生的粤籍先民，曾受清廷勅封，在客家人的心目中，神格已近正神，自然不能與其他孤魂野鬼同擠在寒林所或同歸所，特別爲祂們而設的褒忠亭也就應運而生了。

廟的四個角落與正前方，也需要先安置好五方軍，五方軍或稱五方童子，爲傳統信仰中的方位之神，如今安置在廟五方，其用意倒像是派站在四方的衞兵。這種既要請野鬼，又處處派神明鎮守的做法，最能反映傳統台灣人對鬼神又畏懼，又不敢不理會的奇特心態。

醮壇內外場一切都佈置好了之後，建醮大典也才得以從容地展開。

●引天光，啓神靈

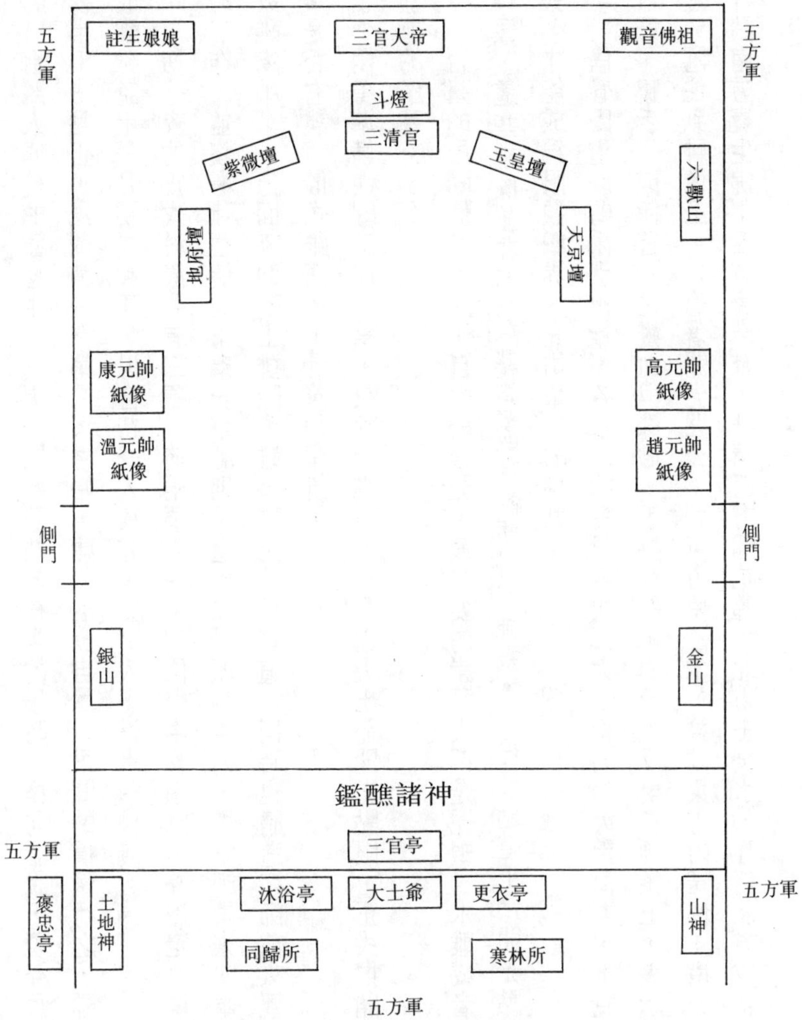
五方軍
註生娘娘
三官大帝
觀音佛祖
五方軍
斗燈
三清官
紫微壇
玉皇壇
六獸山
地府壇
天京壇
康元帥紙像
高元帥紙像
溫元帥紙像
趙元帥紙像
側門
側門
銀山
金山
鑑醮諸神
三官亭
五方軍
五方軍
褒忠亭
土地神
沐浴亭
大士爺
更衣亭
山神
同歸所
寒林所
五方軍

福明宮道場平面配置圖

台灣人傳統的觀念中，一天的開始乃始於夜半的子時，換句話說，現今我們習慣的夜半十一點正，民間慣視作第二天之始，建醮活動自然以民間的慣例行之，福明宮的慶成醮雖說十一月初二起建，但自初一入夜起，便進入了醮事的科儀。

初一夜的正式科儀共有三項，前兩項爲斗燈定位與奉安宗師，斗燈定位屬於準備性的工作，並沒有什麼儀式；奉安宗師則是道士在設壇開醮前，把宗師請來安奉在道士房或醮場中，一方面協助道士排除萬難，防止邪魔竊道，同時也請道宗師前來觀看科儀行事是否有誤，儀式雖簡單，意義却深遠。

兩項準備性的工作完畢，夜晚十點整，首先爲大士爺開光點眼，正式揭開整個建醮盛典的序幕。

台灣的民間信仰，除了自然的崇祀，最主要的崇拜大都是泥塑、木雕或者是紙糊的神像，這些神像並非經藝師雕製成神體便附有神靈，必得經過道士「開光點眼」的儀式，才能成爲眼觀四界、庇佑衆生的神祇。

儘管因道教的派別複雜，各宗派的點眼儀式都大不相同，大體而言，不脫以硃筆沾雞冠、鴨舌（或鵝首）之靈血與硃砂，手持符鏡，引天光反射在神像上，表示將天地之靈氣匯注到神像上，口唸著開光咒云：「東方甲乙木，拜請東方阿雀佛；南方丙丁火，拜請南方寶生佛；西方庚辛金，拜請西方彌陀佛；北方壬癸水，拜請北方成就佛；中央戊己土，拜請中央比羅佛。開天眼照天庭，開地眼照幽冥；開兩眼，左眼照世界，右眼顧衆生；開兩耳，只聽善事，不聞惡因；開心心在，保佑善男信女富貴萬代，開手手動，提携衆生出凡隆；開足足行，騰雲駕霧降來臨；開光完圓滿，聖神自在，靈山會上奉旨來，菩薩下天台。」並隨著咒依序在神像的頭頂、眼睛、鼻子、嘴巴、耳朶、胸前、背後、前肚、手指、雙脚等處一一點過，再將符鏡與砂筆置於神像前，開光儀式便全部完成。

開光儀式在夜半舉行，又在拜亭之下，道士並沒有跑到空曠處去接引天光，只是將鏡朝天，象徵性地接引罷了，前後約計一個鐘頭左右，大士爺的開光點眼儀式全部完成。接下來便是正式入醮的「起鼓鳴金」，這項科儀於夜半十二點正式展開，一時之間，醮場內燈火通明，鑼鼓喧天，接着道士團率領建醮諸委員「拜發表章」，先由道士爲道場內的諸紙神開光點眼後，再虔誠的祭告諸神「丁卯科福明宮三朝慶成福醮」正式起建，祈請諸神降祥，庇佑境內衆善信平安，全部活動約一個半小時結束，科儀也暫告一段落，衆人就寢休息，等待黎明之後再行的諸多科儀。

十一月初二清晨六時許，醮場內又鑼鼓喧天地響起來，首先進行的是「啓請衆神」，然後到廟西方「恭請水官」，一方面以鎭壓火災，同時也爲供人飲食、洗滌之用。接着是「恭送壇主」，由道士團把紙糊的觀音、福德、天師、北帝、城隍、灶君等六壇主，送至廟前唯一的醮壇安奉，接受衆善男信女的敬祀。完後，道士們回到廟裡，起誦灶君眞經、三官眞經、南、北斗眞經等，至中午結束前，還行「雲廚妙供」，至醮場內外敬奉諸神。

午飯之後，接連的幾項科儀都是誦經，依序是：龍神眞經、星辰寶懺、上元寶懺、中元寶懺、下元寶懺等，誦完經典則得「晚期奉獻」，就是到廟裡廟外，敬拜諸神，這些神明除廟方原供有的之外，醮壇、燈篙下也得敬拜，此外，建醮期間，祭祀區內的善男信女都得素食齋戒，因此在廟方的廚房內，還特別設有「監齋使者」神位，用以監視人們是否遵守「切勿肆行引玷污穢戒殺生靈……」的禁令；醮事中每日的早、午晚奉獻，自然也得隆重祭拜「監齋使者」一番。

晚上的科儀以「皇壇奏樂」揭開序幕，接着便是第一天的高潮戲「解連赦罪」，主要的內容乃拜誦解寬赦罪三十六解玄科經，爲民釋怨解寃，經文大都爲勸戒人們孝順父母、兄友弟恭以及鄰居和睦相處之類的勸世文，含意相當深厚，可惜僅有少數隨拜的善信聽到而已，全部活動歷時一小時餘結束後，接着行「祝燈延壽」儀式，爲境內諸善信與行善人家「祈添福齡」的活動結束時，第一天的活動也全部結束。

●放水燈、超渡溺魂

▲道場中有許多精采的科儀，可惜一般人無緣見到。

▼放水燈爲招請水中孤魂的重要節目。

農曆十一月初三日，醮事進入第二天，清晨六時許，先行「早朝科儀」，於三清宮前誦完「度人經」，才進早餐，九時許，接着行「午朝科儀」，誦《玉樞經》，然後是「天廚妙供」，由道士到外壇及諸神位前獻供之後，早上的活動暫告一段落。

午後的節目包含「晚朝科儀」與「燃放水燈」兩項，前者僅在三清宮前誦《北斗經》，後者卻是整個醮祭中，廣衆信徒得以參與的少數活動之一。福明宮事先就準備了紙糊好的水燈，由各柱首領回家裡，自行寫上柱首名稱及信士姓名，另得用保麗龍板或香蕉樹心製作一個底座，到了約定放水燈的時間，再各攜水燈，到廟前集合。

儘管廟方約定放水燈集合的時間是午后三點，剛吃過午飯，便有不少信徒携帶着水燈來到廟前，由總爐主及衆信徒奉獻，高達三丈的三座水燈筏也陸續來到廟前，四點左右，廟前廣場上早已擠滿了各帶着水燈的信徒們，他們在建醮委員會的安排下，分別乘上預備好的車子，在鑼鼓車、道士及水燈筏的引導下，沿着一一四號縣道，緩緩地朝着中壢市的老街溪出發，五點左右終抵達放水燈的地點，道士們首先在溪邊設香案誦經，超渡溺於溪水中的孤魂野鬼，這時候，五彩燈色的水燈筏也紛紛豎直起來，和一個個點放微弱燭光的水燈相呼應着，煞是好看。

入夜之後，先「大鬧皇壇」熱鬧醮場一番，然後奏樂「大伸法旨」，行「開啓」儀式以禮聖和潔淨醮境；完後道士脫下厚重的刺繡降衣，改穿印染的紅黑相間的薄道服，主要爲方便演出「禁壇結界，掃蕩妖氛」，這個儀式，旨在掃除境內的妖魔邪氛，道士們先請神開旨，接著忽而舞劍花，忽而擊雙鐧，後又化作青龍、白虎、朱雀、玄武、勾陳、螣蛇等六獸，並召來官將，掃妖除魔，驅走不祥之氣。整個活動極爲精采，年輕的道士整整演出了一個多小時的「武戲」，每個動作都頗俐落而敏捷，令在場者莫不暗暗暗叫好。

「掃蕩妖氛」儀式結束前，得將六獸山送至廟正後方引火焚化，表示將六獸化於廟中，長衛廟地吉祥，完後，再行「分燈挽留」，第二天的科儀也全部結束。

●犒神兵，普衆鬼

第三天的科儀，從子時的「中白申奏」開始，儀式相當簡單，乃向神祇申述解除戒殺生的禁忌，以利境內善信殺豬公、宰大羊參與普渡，結束後，道士們才就寢休息，境內的善信們却忙著殺豬屠羊，整個晚上雙連埤都可聽到此起彼落的豬嚎聲，一直持續到天亮。

八點左右，開始「齋天酬神」，也就是俗謂的「拜天公」，隆重地在廟埕上舉行，同時間，還得「張掛榜文」，以告神人咸知。廟壇中接著進行「洪文寶笈」與「夾讚瓊書」兩科儀，這活動最特殊的是在三清壇前設兩張桌子，面對面，由兩道士分坐桌前，一人一句互頌神威，論經說法，約至十一時許，接著行「犒賞兵將」、「宿朝入醮」以及「拜送三界」後，道場及祭區內的齋戒及禁忌才完全消除，換句話說，自午餐開始，便不用再吃素了。

午飯後至下午三點間，並沒有什麼科儀，廟埕上却顯得熱鬧異常，除少數早上便用小貨卡車或拼裝農運車載來的大豬公，其他所有參與普渡的神豬及五牲祭品全部出籠了，福明宮的廟埕甚小，根本無法容納太多的豬羊，因而把祭場分爲兩處，另一處在山門附近的空地上，兩個地方這時候都顯得異常熱鬧，尤其是前二十名的神豬，都租用了華麗無比的豬羊棚架，神豬運到定位後，便紛紛忙著架設固定起來，加上前來看熱鬧的人們，也指指點點的爲每一頭評過等次的豬公再下個結論，更使得普渡場上熱絡喧鬧。

午後三點申時之後，建醮科儀再次舉行，首先是「大士出行」，把大士爺及寒林、同歸等所送到廟埕外的田野間，火化送行。接著行「座棚奏樂」以驅逐穢氣，然後「禳祝龍神」，用白米在草蓆上鋪成米龍，上按龍鱗，開光點眼後，安於神案下方，目的是奠安廟基，這也是慶成醮特有的科儀；完後廟中的科儀暫告一段落，此時最重要的活動便是整個醮祭中最高潮的普渡會，道士們也忙著到各普渡場「淨孤筵」，掃除祭場的凶神及汚穢之物。

夜間八點左右，另一個掀起高潮的活動便是「登台賑濟」了，原是爲普施孤魂野鬼而設的，今却因分撒孤食的活動，吸引了不少孩童或者是大人們，每當道士們撒出糖果、香煙或者水果時，總引起人們爭相競奪，相當熱鬧有趣。

十點左右，燄口普渡正式結束，道士們首先迎回壇主，接著取雞與鴨冠的血「勅符」與「謝壇」，並到外壇一一謝燈篙，最後將醮場內的四大元帥、五方童子、山神、土地及其他諸神，用火送化西天後，福明宮慶成福醮的科儀遂全部結束。

這時候，夜已近半了，虔誠參與普渡的人們才忙著拆豬羊棚，運五牲祭品回家，福明宮初建以來的第一次醮祭終圓滿結束。這個祭典，讓祭祀區內的善男信女們投注了不少時間與祭品，但是人們總相信，如果能夠「超渡衆生，各登東土，魂魄相安，神民安樂」境內必可長獲平安，吉祥如意，一切開銷也都是值得的。

——原載一九八八年二月五日～六日《自立晚報》人與土地版

祖師爐下祈福安

——三峽長福巖五朝慶成醮醮典記錄

歲次丁卯（西元一九八七）年農曆十一月中旬，台北縣三峽鎮的長福巖清水祖師廟，舉行了一項「五朝慶成祈安建醮」大典，完整、隆重的醮祭科儀與建醮期間，祭祀區內民衆熱絡參與所造成的盛況，都可謂是八〇年代的醮祭之冠；更重要的是，這個祭典中，再次印證了宗教的影響力與凝聚力，而人們赤忱熱誠的信仰情操，更是令人感動……。

●重建了四十年的「新廟」

主祀清水祖師的三峽祖師廟，正名「長福巖」，創建於清乾隆三十四（西元一七六九）年，先後曾因天災人禍三度被夷爲平地，也在當地人的同心協力下，三次重建，且規模一次比一次更爲宏偉；這三次被毀與重建的歷史，《長福巖清水祖師廟簡介》載：

「第一次因大地震原廟被毀，經於清朝道光十三（西元一八三三）年重建。第二次因甲午戰爭失敗，清廷締約馬關，將台灣割治與日本，三峽鎮民不願異族統治，以本廟爲反抗大本營，事敗後因而廟堂遭受日軍燒燬，至光緒廿五（西元一八九九）年再度重建。今祖師廟爲第三次重建，始於民國三十六年農曆七月，由本籍畫壇耆宿名藝術家李梅樹親主其事……」

被譽爲台灣早期三大美術家之一的李梅樹教授，自四十六歲的壯年，開始擔起三峽祖師廟的重建工作，直到他八十二歲棄世爲止，後半生的歲月可說完全獻給了祖師廟，他一筆一畫地勾繪出整座廟的結構，更親自設計每一根石柱與銅柱，更親手打鑿雕刻了鎮殿的石獅；此外，參與建廟的每一位木刻、石雕師傅，都是李教授四出尋訪聘請來的，不少技藝優良的師傅們，被李教授執着的精神感動了，更因李教授的謙虛與技藝而折服，在廟裡一待往往也是二、三十年，直到一九八二年，李教授逝世後，仍有數位老師傅繼承着他的遺志，一心一意地雕琢着這座「東方藝術殿堂」。

重建了四十餘年，完全以石材爲基，以木材爲頂，所有的接合處，都以傳統的榫頭扣接，完全不用鋼筋、水泥和鐵釘爲材料蓋成的廟宇，不只因精細繁複的雕刻而博得中外藝術界人士的讚賞與欽佩；更讓這座原僅爲安溪移民信仰的角頭廟，一躍而爲全國知名的人羣廟，一年四季，香火不絕。

回顧長福巖初建的歷史，顯現與淡水河沿岸的開拓有相當重要的關係；清中葉之前，福建安溪一帶的閩籍人士東渡來台，於淡水登陸，溯淡水河而上，開拓整個台北盆地，淡水、艋舺和三峽等幾個重要的市集，都建有安溪人的守護神——清水祖師廟，其中又以三峽的祖師廟歷史最爲悠久。

三峽境內適爲狗穴溪、橫溪與大嵙崁溪的交匯處，初名「三角湧」，清乾隆十二（西元一七四七）年，市街初成，後又陸續有安溪人前來墾荒，至乾隆三十四年，三峽、大溪、樹林、鶯歌、土城等地皆已初拓，區域內的安溪人連成一祭祀圈，乃共同倡議建廟。落成後，祭祀圈內的善男信女們，更以姓氏爲單位，歷爲劉、林、陳、李、王，大雜姓以及中庄雜姓等七股，於每年正月初六，清水祖師爺誕生日，輪値祭祀，至太平洋戰後，居民的姓氏與結構改變頗大，輪値祭祀的重心則轉成地域角頭爲主，依例輪流殺大豬，爲祖師爺賀壽。

現今的長福巖，雖爲知名度甚高的人羣廟，醮祭所能動員以及影響的範圍，仍以其原有的祭祀圈爲主，祭祀圈外信徒的參與，所佔的比例較低。

●五千多尊的鑒醮神

原專指「設壇祭神」的「醮」，在歷史的遞嬗中，繁衍出各種不同的意義與形式，儀式的隆重卻日益加深，到了今天，已成爲民俗信仰中最崇高的祭典；無論什麼種類的醮祭，祭祀區內的人民，莫不熱切參與之。

近幾年來，社會繁榮，人們富裕，醮祭的頻率也相對增加，流風所及，引得不少地方也競相效仿，其中雖有「輸人不輸陣」的意味，但每一個醮祭最重要的意義，仍在團結祭祀圈內的信徒以鞏固信仰中心。

自一九四七年起重修的三峽長福巖，前後殿雖已完成，但東西兩廂的二樓，仍僅豎立石柱而已，牆壁、屋頂工程，仍需再費頗長的時間才得完成，顯然距完整的落成，還有一段頗長的時日，廟方卻於丁卯年舉行慶成醮，一方面爲呼應地方人士八十年來未見大醮的要求，再者近年各地醮祭繁多，祖師廟遂決定提前啓建慶成醮，以期重新凝聚日益鬆散的信仰力。

建醮是一件相當龐大而複雜的工作，廟方早在一年多前，便成立建醮醮局，下設總務、財務、工務、祭典、慶祝活動五部，統掌一切事宜：諸如聘請道士，決定建醮日期以及受理斗燈首份以及搭設各醮壇……等一切工作。農曆三月十二日上午九點，在祖師廟神前以擲筊的方式，由鶯歌鎮二橋里民許清順獲擔正爐主，捐金五十萬元，其餘的四大柱分別是正主會劉鉅篆、正主醮陳王慈修、正主壇邱名愛、正主普蘇魚等人各捐金三十萬；此外，其他募捐及準備工作絲毫不敢遲疑地陸續進行着，醮典前一個星期，醮場的木工開始施工，主要的工程是在廟前搭了一座可容納五千尊神像的「鑒醮壇」，同時還把各出入門口封住。

三峽的慶成醮，醮局對鑒醮神明採來者不拒的態度，廟神或家神皆可，事先登記參加鑒醮的神明即多達四千多尊，廟方估計屆時還會有些沒登記的神明要求參加，為容納這麼多的神明，只得另搭一壇。這些參加鑒醮的神明，也於建醮前兩天陸續進駐，到正式入醮，果然超過五千尊，諸神齊聚一堂，不僅壯觀，更是一奇觀。

入醮之前，醮場也已佈置妥當，廟正殿的祖師爺神前，設「三清宮」，兩旁則分設玉皇、紫微大帝神像，隔着天井外的拜亭，則為三界壇，三官亭置於大門口，入拜亭大門後有一大供桌，上置三官神像與中華民國萬歲斗燈與清水祖師總斗燈，兩側另有天師與北帝神像，延伸出去則是趙、高、溫、康等醮場四元帥；廟門外正對的是鑒醮壇，兩側用木板圍住，以防閒雜人物出入，內分置山神及土地神像，鑒醮壇到拜亭間以及天井的天空，都用厚塑膠布遮蓋起來，以區隔醮場內、外之分。

臨時搭蓋的鑒醮壇佔據一半的廟埕，一般民衆燒香的香爐及祭拜的供桌，被置於右廂的門前橫擺着，香爐兩側置有祖師爺的四大天王，右廂封閉的小門口，由大士爺與神虎爺據守，兩側分置金山、銀山、寒林所、同歸所等。

任何醮典開醮之前，都必須先豎起燈篙，才能宴請天界諸神與普渡陰間衆鬼，祖師

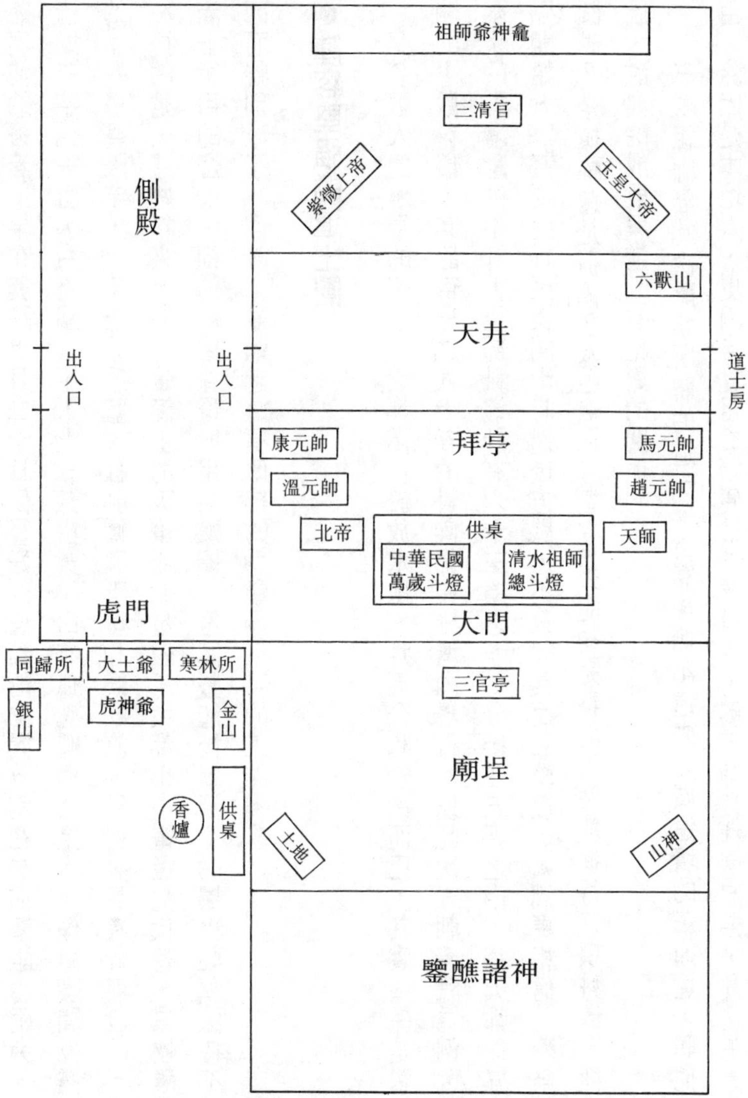
祖師爺神龕
三清官
紫微上帝
玉皇大帝
側殿
側殿
六獸山
天井
出入口
出入口
道士房
拜亭
康元帥
馬元帥
溫元帥
趙元帥
北帝
供桌
天師
中華民國萬歲斗燈
清水祖師總斗燈
虎門
大門
同歸所
大士爺
寒林所
三官亭
銀山
虎神爺
金山
廟埕
香爐
供桌
土地
山神
鑒醮諸神

三峽醮場平面配置圖

爺廟前的燈篙，早在農曆十月二十日便豎好。燈篙的位置分別在廟前鑒醮的兩旁，左右皆以三竿為一組，右邊屬陰竿，上分懸掛黃、白布孤魂幡與七星燈，係對陰間鬼靈而設的；左邊為陽竿，竹竿上分懸藍、紅神幡與天燈和蜈蚣旗，為對陽界衆神而設的。值得一提的是，這些年來，各地燈篙上的天燈或七星燈，大都用小電燈泡代替，三峽醮局燈篙上所用的燈火，卻仍沿用斗燈所用的蠟燭，燈篙豎起後，篙上的燭火必須保持不滅，因而特別派了一個人，兼顧起這項傳統的「顧燭火」的工作。

●陣容堅强的道士團

多數人對醮祭的印象，大都僅止於放水燈、拜天公和普渡而已，其實這僅是對外公開的少數科儀，其餘百分之九十五的科儀都在醮壇內舉行。以此次五朝清醮為例，每天兩次的外壇獻供不計，全部科儀計有六十三項之多，分排在五天之中，每天都從五、六點開始，一直要進行至夜間十時過後方歇，不只冗長而且繁複，人們更相信，醮祭是否圓滿？是植福還是引禍？泰半繫於道士是否能夠完整而妥貼地進行每項科儀，換句話說，醮典的成敗與道士有絕對的關係。

三峽祖師廟此次醮祭所聘的道士，為廟後側不遠處，廣遠壇的王通達，聘他的理由，除因是本地人，更因自曾祖父始便為職業道士，屬天師教林厝派系，其父王添丁更是日領至戰後初期北部著名的道士，祖師廟重建後各種大小祭典，都由他主持；今王添丁雖已過世，王通達自幼耳濡目染，盡得父親眞傳，祖師廟請他負責這次醮祭，自是順理成章之事。

本科的三峽醮實爲大醮，不僅醮期長，醮區更包括：三峽、鶯歌全鎭與樹林、土城、大溪等部份村里，醮壇計有三峽礁溪的玉皇壇、大埔的天師壇、橫溪的北帝壇、土城埔頂的清水祖師壇、樹林柑園的福德壇、山佳的城隍壇、鶯歌國慶街的觀音壇、尖山路的五谷先帝壇、桃鶯路中壇元帥壇和大溪中庄的天上聖母壇等十座之多，每日兩次三路外壇獻供，需十五至二十人之多，加上醮場內同時還得進行各種科儀，文武場加道士，所需約在十人之譜，因而所聘的道士共有四十餘人，除王通達父子，另有聘自基隆的李松溪父子、台北大龍峒的朱建成以及中壢市的曾和慶兄弟等北部天師教著名道士，他們之間都是師兄弟或師叔侄，年紀最長的是李松溪，爲丁卯科松山慈佑宮醮的主持，德高望衆，經驗豐富，年輕一代則以朱建成爲代表，年紀雖輕，前後、文武場都相當拿手，其中尤以武場的禁壇科儀演出最爲精采，爲新一代頗突出的人才。

這個論名望有名望，論實力也傑出的道士團，由王通達延攬組成，這也是多數醮祭的慣例，委由一人主醮，其餘的道士由主醮者負責延攬、聘請，所請的道士都同一派別，「做事」的方法較相似，默契相當好，醮事進行自然事半功倍。

●請衆神・解仇恨

農曆十一月十二日午夜之後，三峽祖師廟仍然燈火通明，少數工作人員仍在進行安置斗燈的最後工作，至十三日清晨三、四點左右，醮局辦事處陸續湧來了一些人，他們進入醮局前，都不約而同地卸下皮帶，脫下皮鞋，再換上醮局事先爲他們準備好的長袍馬掛，帶上瓜皮帽，在胸前繫上爐主或者斗首的胸花，才進入已封閉的醮局中。

原來他們是正爐主、四大柱或者副爐主和副主會等各斗燈首，穿上傳統的禮服後，進入醮局中，手持着手爐，等待五點過後的「起鼓鳴金」與「發表上章」。

五點一刻，首先進行的科儀是「起鼓鳴金」，一時之間鼓樂與鞭炮齊鳴，熱熱鬧鬧揭開了盛典的序幕。接著便進行「發表上章，功曹傳達」，共九名道士共同進行，由王通達自任高功（醮事的正主持），面對三界壇向天地衆神禱祝，敬告建醮主旨，完後至三界壇外焚燒表章與表馬，目的是希望表馬把表章上呈給天界衆神。接着王通達負責道場內及道場口的衆神，如五方童子、四元帥和山神、土地的開光，但僅用香枝代替硃筆，口唸開光咒於神前簡單比劃示意而已，完後再回到三界壇前，發送表章請神，這個節目爲整個醮事的開端，相當重要，全體的首份都參與祭拜。

發表之後，接着「祈請神祇，迎鑾接駕」，道士們先於三清壇及三界壇啓請神祇，

▲進入醮場，連鼓都得用紅布包起來。

▶封山禁水之後，禁止一切皮革解結赦罪，可解人世間恩怨。

再到醮場外，依陽竿燈篙、陰竿燈篙、大士爺、監齋使者（廚房）、香宮典者（香辦房）、道教宗師（道士房）順序，依序請過衆神，儀式才告結束。

早餐後，首要的工作是「外送壇主」與「行香安灶」，前者分兩路，分別把十個壇的壇主送到醮壇中，後者則於廚房中安奉灶神，進行這項科儀的同時，廟方要求「各善信應與本巖同一時刻在各廳堂向外設置香案棹，敬備清圓、清茶、香花、鮮果、華燭財帛（壽金、刈金、福金）並在案棹上備置（新）清淨容器等，併事先將〈祀灶文疏〉填寫地址主事姓名後，焚香叩拜稟告『爲長福巖清水祖師慶成祈安建醮大典』事緣等語……」（〈長福巖清水祖師慶成祈安建醮須知事項〉），祈求灶君「更庇地靈人傑、庄閭增輝、各家廸吉、男女均安，讀者足步青雲而採拔芹桂，耕者感歌大有貯饒積倉……」（〈祀灶文疏〉）。

祭灶後的下一個節目，本是「封山禁水、清淨醮壇」，是個非常大的節目，進行之後祭祀區內的子民便不能上山砍一根竹子，也不能下海捕一條魚，甚至連隻蚊子都不能打死，主事者考量現代社會的情況，認爲祭祀區各宗教的教徒皆有，無法達到上述要求，乃改以向北方請水淨壇。

接下來的幾個節目，分別是「三官妙經，萬聖賜福」、「北斗眞經，消災解厄」、「一心誠敬，供奉神祇」以及「星辰寶懺，元辰光彩」、「外壇獻敬」和「上、中、下元寶懺」，其中除「一心誠敬」爲午供醮壇內外的神祇，「外壇獻敬」分三路人馬到外壇獻敬外，其餘都爲誦經的活動，全部結束時，已是用晚餐的時候。

晚上由「皇壇奏樂」揭開活動的序幕。接著進行「解結赦罪，道德宣揚」，主要的目的是宣揚道德以化解人與人之間的仇恨，由兩位道士，分坐在三界壇前的供桌兩側，輪流宣讀人與人平日最常積怨締仇的「三十六結」，隨拜的人分成兩組，由另兩個道士帶領，每宣讀三結，一組人員魚貫走過桌前的臉盆旁，並焚化金紙幣一張，完後則排在另一組人員之後，再宣讀三結，由另一組人依序化紙，直到道士把所有的結都宣讀完後，其中一道士抓起一桿秤子，上繫有許多活結的黑紗線，由解結首率先解開一結，其餘各參拜者也依序拉開黑線結，活動逐告一段落。

九點以後，隨即進行「祝燈延壽，增添壽齡」的節目，乃企圖藉火的力量，祈求衆人增添壽齡，活動的重點在後半段，道士手執著火把至三清、三界壇及各斗燈前巡視。

●放蓮燈．犒神兵

第二天的科儀，由「擂鼓三通，禮拜天尊」揭開序幕，這一天的科儀，除早午兩次例行的外壇獻供及午供，其餘都在誥誦經文，誦讀經懺包括：度人經、玉皇經上、中、下卷、紫微法懺、東、南、西、北、中斗經等，直到晚飯才結束。

由於要燃放蓮燈，晚飯從四點半開始供應，以便首斗們用過餐飯後，五點半在三峽橋前搭乘遊覽車到三鶯橋下放蓮燈。

所謂「蓮燈」，又稱蓮花燈，約只有一個小碗公大，底有一四方型底座，上置一蓮座，中間部份用來插蠟燭。台地多數的醮祭，大都只放水燈，甚少放蓮燈，不少人誤以爲兩者意義相同，其實水燈純爲陰界鬼魂而設的，蓮燈卻爲引神兵天將而來，神兵天將乃指五營神兵或謂歷代戰死沙場的忠魂義魄，實不能混爲一談。

有些斗首因故遲到了，加上其他種種因素躭誤，拖到六點半以後，載著各斗首的十輛遊覽車才在開路鼓車的引導下，緩緩出發，沿途繞過桃仔脚、柑園、鶯歌等地，才到三鶯大橋下，由道士行簡單的禱頌儀式，各斗首紛紛擠到河邊施放蓮燈。施放蓮燈之處，正巧爲第二高速公路三鶯橋的施工處，河床多堆置砂石與鋼筋，水流至該處竟成一迴流，所有的蓮燈都廻於一處不肯往下流，數百粉紅色的蓮燈齊聚一處，煞是好看，許多人施放後，竟被那幅美麗的景致深深吸引住了。

就在各斗首忙著施放蓮燈的同時，廟裡也正在行「開啓禮聖、國泰民安」的科儀，旨於禮聖和淨醮境，約一個小時結束後，九點鐘起，進行「全武行」的「勅水禁壇，掃除妖氣」，這個節目爲道士戲中難得一見的「武戲」，由年輕的朱建成負責前一個鐘頭舞劍花召官將，使雙鐧掃除妖氛以及化六獸的重頭戲，朱建成著輕便的道袍，忽東忽

▲放蓮燈在一般醮典中不易見到。

▼禁壇科儀是醮場中的武戲，表演起來煞是好看。

西，忽執劍，忽掌令符，忽跳忽躍，非常精采的持續表演了一個鐘頭，化過六獸之後，才由他的兩個學生接著演出「倒棋」，直到近十一時，全部節目才結束。

第三天農曆十一月十五日，除例行的外壇獻供等節目和相繼誦讀朝天法懺一至四卷，較重要的科儀爲「洪文讚經、玉樞分誚」、「午朝科儀、誥誦樞經」、「登壇說法、普施幽靈」以及「慶成安龍、奠安六宮」。

「洪文讚經、玉樞分誚」俗稱作「洪文夾讚」，由兩道士分坐於「談經」、「說法」兩經桌前，相互對誦「玉樞經」，經文主意乃在勸人向善；「午朝科儀、誥誦樞經」主要是誥誦和玉樞經以朝覲三淸，其中有一段武戲也頗爲精采，最後還移至三界壇前臨時搭設的「應元府」談經說法。「登壇說法、普施幽靈」則是普神兵神將的科儀，和前一日的放蓮燈相呼應，在登壇之前要先送神虎出行，普渡的祭品也都是素食，普渡結束還得要焚化神虎，送祂上天。

「慶成安龍」爲新廟慶成醮特有的科儀。三峽祖師廟於正殿建成時，曾請王通達的父親安龍過，但今爲求愼重，再安一次龍。安龍是以米堆成龍狀，上置銅板爲龍鱗，頭、爪、尾部再分置五盞油燈，龍形遂告完成，再由道士行法「安龍」。由於事關廟基的長奠久安，特別請年高望衆的李松溪老道長負責，安龍時依序點眼、點頭、點鬚、點身、龍爪、點尾等，大功告成後，米龍必須馬上拆掉，俗傳米龍上的米和硬幣，可庇佑

▲擺在醮場內的六獸山。

▼談經說法科儀，爐主斗首們坐在醮場中聆聽。

一般家庭柴米不缺、富貴有餘，因而整條米龍和龍鱗都平均分給了在場的每一個人，希望人們帶回家，放在米缸寶盒中，以祈富貴滿堂，財源廣進。

●施普渡・祈福安

醮祭進入第四天，科儀更為緊湊，一大清早，先以「懇留聖駕，朝覲天尊」啓始，接著誦「朝天法懺」四至十卷，其中還夾有「拜榜張掛，龍章鳳篆」以及「燃放水燈、普照陰光」等活動。前者乃將紅、黃兩大榜文整理好後，由正爐主祭榜後，張掛於外場，再插金花於榜上，供陰陽兩界巡看；後者則為普施溺亡水中的亡魂而設，時間、地點以及繞境的路線都同於前日的放蓮燈，唯一不同的是，廟方鑑於放蓮燈時，路面崎嶇、陰暗難行，特別準備了火把，供人一手提水燈，一手執火把到河邊，這晚適巧天空飄著毛毛雨，竟襯托出一股奇特、詭異而又悲涼的氣氛，令人感動。

農曆十一月十七日，三峽祖師廟的慶成醮進入最後一天，這一天也以「暫留鶴駕，拜覲天顏」為始，接着則行「羅天大供，敬奉天神」和外壇獻供等活動，早上九點後，行「登壇拜表，入丁敬天」，也就是俗謂的「拜天公」，祖師廟公佈的〈拜天公須知〉載：「有豬公者用燈座，高錢、大壽金、中壽金、刈金、福金；沒用豬公者用牲醴水果亦可……」，祭典雖云早上九點至十一點，約莫七點過後，祭祀圈內的善男信女們，便

▲安龍是慶城醮特有的科儀，特別受到重視。

用手拉車、小貨車或者用肩膀挑着各式各樣的祭品，到住家附近的醮壇祭拜上蒼。正副爐主及得獎的神豬都齊聚在玉皇壇前，而每隻神豬上都設有美輪美奐的神豬棚，台前又有南、北管演奏、山歌對唱或者陣頭表演，熱鬧情況自不待言。其他各壇的盛況雖稍遜，每壇也都有數十隻神豬以及無法計數的祭品，吸引不少外地前來看熱鬧的民衆。

醮局內，從十一點半開始，進行四廟科儀的「宿朝科儀」，節目跟前三項相類似，僅在結束前進行「入醮呈章」罷。午後一點起爲普施孤魂的時間，十二點四十分，道士於醮局前「敬奉聖神，犒賞軍兵」，祭祀區內的民衆也忙著把祭品運送到各醮壇前，普渡孤魂野鬼，這時候，醮局一面將大士爺迎奉到廟前的普渡場外，同時又派出兩組道士，分別到各醮場「洒孤淨筵」。

普渡乃是對陰界衆鬼的，除在每項祭品上插香，供桌上還多了「看牲」和「看碗」。前者爲麵粉捏製的封神榜等演義小說或民間故事人物，供擺在醮壇對面，「看碗」同樣也是麵粉捏製成唯妙唯肖的飛禽走獸或禽畜魚介，甚至還有歷史故事或現代人物，這些造型都僅一個拳頭大，放置於碗中，一方面當祭品，同時也可供遊人觀賞，普渡結束時，喜歡的民衆還可抱一「碗」回家，因此在普渡初始，便有不少民衆預定要那盆「看碗」。

各醮壇熱熱鬧鬧普渡之時，廟前的普渡場上，也同時行「登壇賑災，普渡孤魂」，除由王通達自扮高功，化身「太乙救苦天尊」登台坐座，由於本醮範圍廣闊，爲求愼重，特別請李松溪與朱建成兩傑出的道士同爲副坐，三人一起主持賑濟孤魂，場面相當可觀（三人同登台，全台都少見，唯王通達其父於一九六七年主持樹林濟安宮醮時曾開此例），進入後半段分撒孤食時，廟方準備的東西相當豐富，民衆也熱切的參與，只見「台上糖果糕餅齊撒，台下善信競相爭奪」，全場熱鬧異常，令人難忘。

普渡之後，剩下的僅「迎回壇主」與「勅符犒將」兩節目。這時已近晚餐時分，祭祀區內家家戶戶莫不大宴賓客，醮場內仍肅穆異常，進行着最後的「閉幕式」，節目分兩部份，「勅符」乃用鷄冠與鴨嘴的血，「勅」於平安符與祖師爺令旗上，完後則犒賞神兵天將以及送天神回天宮，送地祇回地府，最後將各壇主與各紙神都焚化後，全部科儀才圓滿結束。

接下來當然就是一頓豐盛的晚宴了，這是各地醮祭的最後一個高潮，雖然花費不少，但多少平時不易相見的老友、親戚都因這個機會相聚一起，民間信仰中最珍貴的熱力和團結心，也在這時候表現得最爲極致，還有什麼比這更珍貴的呢？

餐後，廟方在長福橋下施放五彩煙火以慶功成，一個鐘頭後，又移至三鶯橋下繼續施放，那些燦爛美麗的煙火，燃亮的不只是那一夜而已，而是所有清水祖師信徒們的心靈吧！

——原載一九八八年七月《長福巖慶成祈安建醮紀念誌》

送瘟祈福王船祭

——小琉球王船祭祭典實錄

●緒說

被譽爲台灣兩大民間宗教信仰之一的王爺信仰，自清中葉之後，爲了與清廷力倡的媽祖信仰相抗衡，揉合著對鄭成功紀念情結與瘟神信仰的王爺，在台灣的西南沿海迅速壯大，不僅成爲當地人民信仰的中心，更擴及全台，成爲台灣最重要的信仰體系，每年四月和九月間，形成兩大迎王熱季，所參與的寺廟，所動員的信徒以及耗費的金錢，絕不稍遜於媽祖的信仰。

台灣王爺信仰的熱潮，可分爲兩季，主因各姓氏王爺的誕期不同所致，以一般的五府王爺爲例，大王李府千歲以及五王范府千歲的誕辰分別在四月廿六日及廿七日，三王吳府千歲的誕辰則在九月十五日，這三位王爺誕辰之前，形成的進香之期，爲台地王爺信仰最熱鬧以及次熱鬧的時期，因此有人說：「三月瘋媽祖，四月、九月迎王爺」。

台灣的王爺信仰，兼具鄭王爺與瘟神的多重性格，祭祀的形式也呈現相當的多樣性與繁複化，但大體仍不脫一般性的進香、刈火以及建王醮、送瘟神兩大體系。前者每逢王爺祭期都可見到，主要活動的寺廟都屬人羣廟，其中以南鯤鯓代天府以及麻豆五王府最具代表性，後者並非每年可見，又分兩大類，一是定期醮，或逢三、逢四、逢六、逢十二年舉行一次，最著名的首推西港慶安宮以及東港東隆宮的送王船活動，二爲不定期醮，這類醮典都因特殊的原因而舉辦，諸如建廟幾周年慶典或其他原因，著名的是佳里金唐殿的王醮，北門蚵寮東隆宮醮，也是一個規模龐大的王醮。

上述種種名目不一、種類各異的王爺祭典中，最受各界矚目，且經常引來正反兩面評議的就是燒送王船。六〇年代以降，漸多的外國留學生或研究人員，對台灣的民俗戲曲產生興趣，相傳最初因有一張燒王船的照片刊登在美國的某雜誌上，引起外人的好奇與驚訝，引發他們來台的動機；此外，王船祭典每每都要耗費數百萬甚至數千萬的費用，雖是最受人們批評的焦點，但從精雕細繪的王船，到整個祭典中所展現團結、溫厚的精神，卻是最令人嚮往且最能表現民間信仰的可貴之處。

每逢三年一科的定期王醮，一般社會大眾或報導媒體所重視的，都僅是西港或東港兩地而已，其他許多同區域內，規模較小的王醮向爲人們所忽略，委實是相當可惜的，雖言小醮都受到大醮影響，但小醮格局小，參與的人少，許多地方保存了濃厚的地域色彩，實不宜一言以括之，東港祭祀圈內的小琉球醮，便是一個典型的例子，值得深入觀察！

●小琉球迎王的緣由與盛況

面積不到七平方公里的小琉球，是個孤懸於東港外海八浬的珊瑚島，土地貧瘠，可耕面積狹小，泰半居民都靠捕魚維生，所謂：「討海人三分命」，小琉球人對神明信仰的需求與依賴性顯得特別高，島上處處可見的各姓元帥廟、有應祠以及各種神祇的寺廟，最能印證神在他們心目中的重要地位。

小琉球林立的寺廟中，泰半都是屬於角頭廟性質，也有少數幾座屬於全島性的人羣廟，一是大福村的碧雲寺，主祀觀音佛祖，是島上神格最高、香火最盛的人羣廟；二是本福村的三隆宮，主祀池、吳、朱三府王爺，神格及香火僅次於觀音媽廟，每逢三年一科迎王，是島上最熱鬧的迎神賽會；三是東、西、南、北四個角頭的土地公廟，小琉球共有八個村，分爲四個角頭，東方的角頭爲大福村，土地公廟是大福村的大寮福安宮；西方的角頭包括杉福與上福兩村，土地公廟爲上福村的上杉福安宮；南方的角頭包括南福及天福兩村，土地公廟爲天福村的天台福安宮；北方的角頭有本福、中福與漁福三村，土地公廟為中福村的白沙尾福泉宮，這四座土地公廟規模都不遜於一般寺廟，神格也被提昇至「地方總管神」的地位，是各個角頭最重要的人羣廟。上述的三類人羣廟，在三年一科的迎王活動中，都扮演著相當重要的角色。

小琉球的迎王盛會，相傳也有百餘年歷史。清乾隆初年，移居此地的先民自故鄉分池、吳、朱三府王爺的香火來此，「草建茅舍恭祀，朝夕膜拜，威靈赫濯，民卜者，顯如電應，祈福求祥者，絡繹不絕……迨至乾隆五十年，境緣人丁遽增，民樂牲康，感念神明覆載之恩，遂遷至現址，改建瓦廟……」（《琉球鄉三隆宮史略》），三隆宮有了基礎的規模，才開始舉辦迎王活動，由於島上人力稀少，物力缺乏，最初的迎王及送王，活動只有兩天，後來慢慢擴大至四、五天，有趣的是，島民雖然行送王之儀，並不製王船，所送的僅是虛無（想像）的瘟王，所去的地方，也不同於其他地方送至五湖四海，小琉球的目的地是對岸的東港，小琉球的說法是把瘟王送到東港後，由東港的溫王爺接領，再一同乘東港的王船遊天河，因此，過去小琉球的迎王日期都在東港之前。直到一九八一年，台南縣無極混元玄樞院建造的溫元法舟，在台南海邊施放，竟漂流到小琉球，經村人愼重商議後，決定請三府王爺前去迎接，並供奉在廟中，至一九八五年迎王科期前，民衆向王爺及法舟請示迎王日期，法舟却指示在東港之後舉行，善信再三懇求，法舟仍不肯將日期提前，信徒們才商議自造王船，獨立舉行三年一科的迎王盛會。

一九八五年才完全獨立的小琉球迎王祭，還屬於發展階段，泰半儀式都抄仿自東港的王船祭，但也因尚未定型，祭典顯得更自由、更放任，這是一般名氣、規模都大的廟祭中所見不到的！

歲次戊辰（一九八八）年的小琉球迎王祭，始於農曆九月十八日，第一天主要的科儀是「王醮法會」，乃爲三府王爺起醮暖壽，隔天則進行請水等較重要的科儀，上午三府千歲搭乘漁船繞境一周，下午一時三十分，請王令到白沙尾的海灘請水，後繞經漁福、中福及本福村回到廟前，信徒們持著王令或扛著大轎，依序衝向廟埕中燃燒著的金紙堆，稱作「過神火」，主要爲去穢祈安，活動告一段落後，於夜晚九點請王令至王府中安座。

接下來四天的活動，從九月廿日至二十三日，都是王駕出巡。民間所謂「迎王」，第一天繞巡東角頭，第二天迎至南角頭，第三天繞境西角頭，第四天的活動範圍則在本福、中福以及漁村所組成的北角頭，四天的繞境活動，都由溫府千歲轎擔任先鋒官，島上神格最高的觀音佛祖，也同樣在三府王爺前開路引道，此外在碧雲寺，每天都請野台戲演出，形成「一廟慶典，兩廟同賀」的景象，主因碧雲寺是島上至高無上的大廟，如果該廟不參與這項活動，許多信徒也不會肯參與，場面必然遜色許多，因此每每迎王，三隆宮必邀碧雲寺參與，反之，三隆宮的神格雖稍低，信徒以及活動力却不遜於碧雲寺，碧雲寺每年二月十九的觀音媽出巡，也邀三府王爺共襄盛舉，在互助互惠的條件及原則下，使得這兩座人羣廟，關係一直密切無比。

除了媽祖轎，島上每座正神廟也都派出神輿共襄盛舉，如此全部也只有二十幾頂神轎，這種規模若在台灣，只能算是角頭性質的廟慶。迎王的隊伍，一會兒還在市街中，突然就來到一面臨海，一面荒山的小道上，相當能表現這個「小島」的特殊地理風格；迎王隊伍中僅有的幾個陣頭，有兩個在台灣不易見到，一是「五毒大帝陣」，這個由本福村水仙尊王派下的陣頭，扮相類似八家將，也由八人扮成將爺，聽命於扛刑具的使役，當地人則視為五瘟神的化身，每到之處，都有民衆伏地乞求大帝改運；第二個罕見的陣頭稱「十三太保陣」，屬廣澤尊王下轄，由十三個孩子扮成哪吒太子的模樣，前有扛負刑具的使役前導，據傳這十三個小孩，都是廣澤尊王的部將，尊王出巡負責在前開道引路，行進時都仿八家將的動作，全部由孩子扮演，身穿太子服、頭戴太子冠，模樣相當討人喜愛。

迎王隊伍每天早上從三隆宮出發，到達預定的角頭繞境，這時候，每個角頭的土地廟都相當清楚地凸顯出角頭人羣廟的特性；一般而言，土地公的神格應低於道教的神祇，因孤島上沒有城隍廟，當地人除奉祀「田頭街尾」的土地公，更以角頭的大土地公廟視若範界內的總管神，迎王隊伍來巡時，土地公成了負責接待的主人，中午休息也將神轎停放在角頭土地公廟前，供信徒敬香、膜拜，一時之間，土地公廟前擠滿了各種神輿以及無數虔誠的信徒，足把角頭廟的人羣性格表露無疑。

●夜闌人靜送王船

王爺繞境過每個角頭，九月廿四日的重頭戲是遷船繞境，主要的目的是「添儎」，一爲信徒給王船的添儎；二爲王船替漁船添儎。一般王船祭中，信徒替王船添儎的例子處處可見，添儎的物品以金紙爲主，其餘另有米、麵粉、食用油、鹽、水、柴、醋等，在廟中的金香部都有販賣，信徒付錢買了東西，當場就給王船添儎；小琉球的王船添儎卻在遷船繞境的途中，王船經過該地，信徒才帶著物品給王船添儎，添儎的物品，除上述的東西，火柴、香煙、毛巾……甚至是現金，都可隨意地捐獻，說明了這個祭典的自由性與放任性。至於王船給漁船添儎，則因島上百分之九十五都屬漁民，在人民生活與情感的强烈暗示下，小琉球的王船雖不脫台灣瘟王船色彩，同時也扮演著「漁王船」的角色，這點從船肚及舵下繪製各式各樣的魚可獲印證；再者遷船繞境中，所經路線都沿濱海公路而走，途經島上的兩大漁港——大福村與本福村漁港時，港中停泊的每一艘漁船，早已準備好三牲祭品，掛好鞭炮，並打開船艙，王船抵達時，船主人一面虔誠祭拜、競相燃放鞭炮，更在船艙四周或船頭船尾灑酒，以示請漁王船爲漁船添儎滿艙，王船過後，便立即蓋上船艙，他們相信，如此王船會保佑漁船每次出海，都能滿載而歸。

船底裝了輪子的王船，在五、六頂神輿的簇擁下，沿著濱海公路，遊過市街，巡訪過漁港，並在四大角頭土地公廟下碇供信徒參拜過後，回到三隆宮時已經是夜間七、八點了，已超過預定的時間甚多，工作人員迫不急待地在王船四周圍出一個界線，以便進行出行前的添儎。一般而言，王船是一個獨立自主的小世界，船上除了有各種職司的船夫、差役、班頭、舵手，伙夫，更有由信徒奉獻的柴、米、油、鹽等日常用品，此外，廟方還得準備碗、筷、鍋、灶、牛棚、馬舍、豬舍、菜圃、稻田、穀倉等等，如此才能經年不靠岸仍自給自足。

經過工作人員逐一的核對清點，添儎工作一直忙到午夜十二點才告一段落，接著由道士們進行「拍船醮，開水路」的科儀，目的是祈王船順風順水，平安航向大海，全部儀式約花半個鐘頭結束，這時候寬闊的廟埕上已擠滿了數十頂的神輿，每頂神輿都裝上五彩閃爍燈泡，像是競相宣說自己的「神威顯赫」似的。

午夜一點半，預定出發的時間到了，衆信徒們全部跪地恭送，由道士前導率領着王船前行，後面是大千歲、二千歲、三千歲以及各角頭的神輿，這次行動，絲毫不遜迎王的場面，卻完全不同於迎王的熱鬧喧嘩，反倒是靜悄悄的，像部隊的夜行軍一般，如此夜半偃旗息鼓送行，顯然認爲瘟王是不吉利的，趁夜色送走，以免再回頭。

◀王船所到之處，漁船紛紛開艙，請王船幫漁船添儎。

▼王船上繪滿了魚，最能說明人民的祈求。

到了白沙尾王船地，按照「筆頭」（王爺示乩的代言人，台灣謂「乩頭」，指有一叉口之木頭，由兩人持扛起乩）的指示放好王船，信徒們分工合作地把擺在一旁的金紙堆放在王船四周，前後半個鐘頭左右，金紙添儀告一段落，圍在王船四周的金紙，卻幾乎要把王船掩蓋過去了，這時圍觀人潮的情緒開始浮動起來，忽然，海灘的另一頭停放神輿的地方，傳來一陣陣的歡呼聲，原來是請衆王爺、班頭及部將登王船，請王登船的過程雖短，但參與者卻絲毫不敢大意，按部就班地請他步步爬樓梯上船，然後按職務大小登坐，一旁的民衆聚精會神地緊盯著每一個細節，直到所有的部將都安座完畢，道士再次在船首開了水路，並宣佈吉時已至，王船朝東方出行。

終於等到最神聖的這一刻，工作人員忙著點燃王船的鞭炮，剎時處處火光四起，炮聲連連，民衆們卻紛紛跪在地上，或伏首在地上，或默禱著祝詞……每個人都懷著最虔誠地心，希望王船帶走一切瘟疫災禍，引來平安豐收……

不到幾分鐘後，原本零星的火花壯大成了熊熊烈火，在強熱的逼灼下，人羣開始往外圍後退，映在通紅火光下的每張臉孔，依舊是那般虔誠肅穆，直到整個船體融於烈火之中，一頂頂的神輿才熄了燈火，悄悄離去，圍觀的人們也才在懷著無限希望的心情中，緩緩散去。

三年一科的王船祭，到此終告一段落，整個島上的信徒們出錢費力，忙了將近半個

▲小琉球送王船的場面雖稱不上壯觀，卻是一個典型而完整的王船祭。

月甚至一整個月，卻化成一股熊熊烈火，他們最大的希望，當然是那片通天的火焰，能為他們掃去疾病與不幸，帶來歡愉、豐收且充滿希望的未來！

——原載一九八八年十二月《藝術家雜誌》163號

祀鬼神，讚中元

——「鷄籠中元祭」的田野觀察

●中元的傳說與由來

農曆七月十五，一般人俗稱爲「中元節」，佛家則謂「盂蘭盆會」；「中元」爲道家的說法，相傳正月十五爲「上元」，爲天官賜福日，七月十五爲「中元」，乃地官赦罪日，十月十五爲「下元」，是水官解厄日。《修行記》認爲：「七月十五日，地官降下，定人間善惡；道士於是日日誦經，餓鬼囚徒，亦得解脫。」；至於盂蘭盆會，相傳乃因目蓮救母而來，身爲釋迦十大弟子之一的目蓮尊者，自幼隨侍在釋迦座前，他的母親卻一時不察，率性而爲，毆僧罵道，殺狗開葷，終被閻王打入十八層地獄，到了第六殿時，目蓮正在聽釋迦講解「回恩」，突然想起母親，才知母親已亡，被打入地獄，正遭受餓鬼倒懸之苦刑，目蓮趕去，用鉢送飯給母親吃，但食物一送至口，便化成火焰，根本無法讓母親解飢，目蓮只得懇求釋迦明示解救之法。釋迦於是指點他用盆器羅列百味，供養母親身旁的衆餓鬼，才得解救母親。目蓮遵命照做，終於救得母親，也因此，盂蘭盆會又稱爲「救倒懸盆」。

無論是道教或是佛教的說法，都指出七月十五日的普渡，乃爲普施餓鬼。《盂蘭盆經》更深一層的意義是：「是佛弟子修孝順者，應念念中，憶及父母至七世父母。年年七月十五日，常以孝慈，憶所生父母，爲作盂蘭盆，施佛及僧，以報父母長養之恩。」「盂蘭盆會」最初隨著佛教傳入中國時，只在少數佛寺舉行；直到梁武帝時，他親自到同泰寺開「盂蘭盆齋」，祈求七代祖先的冥福，並佈施食物給貧困人家之後，「盂蘭盆會」才漸受中國人的重視。

台灣正式開拓以後，這項習俗乃隨著漢人移民來台，前清文獻中多有記載，陳培桂修《淡水廳志》描述頗爲詳細：「十五日城莊陳金報旗幟，迎神進香，或搬人物，男婦有祈禱者，著紙枷隨之。凡一月之間，家家普渡，即盂蘭會也。不獨中元一日耳；俗傳七月初一日爲開地獄，三十日爲閉地獄，延僧登壇施食，以祭無祀之魂。寺廟亦各建醮兩三日不等。惟先一夜燃放水燈。各給小燈，編姓有隊，絃歌喧嗔，燭光如晝，陳設相耀，演劇殆無虛夕。例集一所，牲醴饌具，積如山陵，植竹高懸，其名曰淺主事。持械守護謂之壓孤，鑼聲鳴則羣起而奪，謂之搶孤。文武官弁必赴所彈壓。……」

《淡水廳志》的記載，說明前清中元祭典的隆重盛大，和官方對這個鬼節的重視。及至日領時代，七月普渡的盛況依舊，除了在境內主普的廟埕前搭設普渡壇，各家各戶準備五牲祭品或殺豬宰羊的參與「公普」，另外還有「私普」；「私普」時，各種商號行業按例休假一天，各結彩壇，並準備佳餚美食，宴請親友。此外，放水燈、搶孤等活動在各地也都相當盛行。惜至太平洋戰爭爆發後，一方面物質匱乏，加上日人積極推行皇民化運動，中元普渡、放水燈的舊習雖仍保存著，但盛況已大不如昔；至於像搶孤等活動，則因治安的理由，硬生生的被禁絕了。

戰後的台灣，雖然社會日益進步，經濟日漸發達，但政府自一九五二年起，提倡「改善民俗，節約拜拜」政策，勵行統一拜拜，從初一普到月底的盛況消失了，各地的廟宇雖仍依例舉行普渡，但規模已大不如前，甚至連建主普壇、遊行、放水燈等舊習都逐漸減化甚至消失。到了今天，唯一能一窺中元祭典較完整風貌的，也只有十五姓氏輪流主辦的「鷄籠中元祭」。

●豎燈篙，點普渡公燈

台灣民間的普渡法會或中元祭典中，活動正式展開之前，都會有豎燈篙或點普渡公燈的活動。至鬼月結束，還有普渡公收燈和謝燈篙等相關的活動。

豎燈篙的目的，乃是在普渡之前，招降神祇鬼靈前來享用；謝燈篙則是普渡結束之後相對於豎燈篙的活動。大體而言，七月豎燈篙活動，一般都是在七月一日舉行，豎起了燈篙之後，再行開龕門；謝燈篙活動，則於七月底或八月初一日，和關龕門同時舉行。又由於七月的普渡活動以公普爲主，私普爲輔，各地的豎燈篙大都僅由廟方舉行，一般民宅並不舉行豎燈篙。

普渡公燈或稱普渡燈，爲民間於鬼月期間，安置在家宅門口，目的是替孤魂野鬼照路，方便他們行動，這項習俗在傳統社會中有相當深厚的意義。在還沒普遍之前，無論是鄉村還是都市，並沒有什麼路燈設施，入夜之後一片漆黑，人們出門一定得拿火把，孤魂野鬼們沒有火把，民間乃設計出安置普渡公燈的習俗。

普渡公燈的目的，即是爲孤魂野鬼照路，民間也都在六月三十日下午先安置好普渡公燈，待夜半之後，再持香祭禱，並點燃燈光，至第二天早上再上香熄燈，入夜後又再點燃，如此一直持續到關了鬼門爲止。至於普渡公燈的形制，也有多種不同，有些地方僅安置在村莊的每一個出入口處，民家前並不安奉，有些地方則家家戶戶都安置，夜裏一起點燃，恰似一排路燈。普渡公燈的質材，大都爲鋁皮和玻璃製作成四角型燈，四面玻璃上寫有「普照陰光」或「慶讚中元」等字樣，有些地方還加上一個斗笠型的鋁皮蓋，或者就直接使用斗笠，並沒有嚴格的限制。

儘管燈篙和普渡公燈，不是什麼重大的節目，然而其象徵意義却非常重要，可惜鷄籠中元祭中，這兩個節目都被省略或已式微，這實在是相當可惜的一件事。

現今的鷄籠中元祭，雖然每年市政府都會在車站前圓環及中正公園主普壇旁等地，各搭建一個由宮燈裝飾成的精神標誌，許多人也都誤以爲這便是中元祭的燈篙，其實和燈篙是不相關的。另外，老大公廟開龕門前後，也完全不見豎燈篙的活動。

至於燈篙的形式，各地由於主祭者、傳統習俗及祭典的不同，有分天竿、地竿，有一根、三根、六根或者三十六根、七十二根者。鷄籠中元祭既爲例年性的普渡祭典，燈篙的規模不宜過大，最多以三根爲宜，上掛天旗、地旗、天燈、七星燈及天地布等必要的配備便可，爲求愼重起見，應請法師或僧人主持。

●開龕門，揭序幕

開龕門俗稱爲開鬼門，爲揭開民間七月祭典的序幕儀式，本身的儀式性並不强，許多地方對這個儀式並不甚重視。基隆地區因受中元祭典規模盛大、輪值姓氏十五年才有一次主普機會等因素的影響，向來對這個活動都視爲序幕之禮，並以三獻禮行祭，祭典的流程大致是：

農曆七月初一日，中午十二點過後，廟埕上的一團北管子弟班，開始演奏北管音樂以為鬧場。這期間，輪值的主普姓氏，也將三牲五果、糕餅菜碗等祭品整排排在供桌上，並斟上茶、酒，以待開鬼門時刻的來臨。

午後一點左右，基隆老大公廟管理委員會的主任委員率領著廟方的委員，先行在廟中舉行祭祀老大公的三獻禮，用意是以主人的身分，先行告祭老大公們。午後兩點整，開龕的儀式正式開始，祭典由輪值主普的主任委員負責主祭，基隆市長聯合主祭、國民黨基隆市黨部主委、省議員及輪值主普姓氏副主委、爐主等和各姓氏代表陪祭，儀式由司儀口中的「開龕門祭祀儀式儀式開始」正式展開，其全部程序為：

一、儀式開始
二、全體肅立
三、主祭生就位
四、陪祭生就位
五、與祭生就位
六、行上香禮
初上瓣香，再上瓣香，三上瓣香
七、獻爵
八、獻帛

九、宣讀疏文
十、獻果
十一、獻花
十二、行三鞠躬禮
十三、禮成
十四、鳴炮
行過上香禮後，還請了慶安宮及基隆當地的高功僧人，到老大公靈位前誦讀《般若波羅蜜多心經》以及《往生咒》，以示替孤魂野鬼超渡。

莊嚴的三獻禮之後，接著進行的才是正式的開龕門儀式。首先，由老大公廟的主任委員自廟中謹謹慎慎地捧出一個錦盒，親手交給輪值主普的主任委員，輪值主普的主任委員恭恭敬敬地接過錦盒，在老大公靈前拜過三拜，才放在供桌上，打開錦盒，原來裡面放了一本紀錄簿和一把鑰匙，主委先在紀錄簿上寫下今年什麼時候、什麼人打開龕門後，再拿起鑰匙，親自到老大公廟右側，打開龕門上的鎖，並將木門及鐵門打開後，將鑰匙及鎖一併放回錦盒中，交還廟方保管，開龕門儀式遂告結束。

正式的儀式結束後，善男信女們開始自由參拜老大公及剛剛放出來的孤魂野鬼，約莫過了半個小時，主普單位才開始收拾祭品，正式結束這一天的祭典。

●送燈獻敬與迎斗燈

雞籠中元祭的祭典最受人們重視的，雖是七月十四夜的放水燈和十五日的普施，但嚴格說來，完整的祭典活動應該自十二日的「送燈獻敬」開始。

「送燈獻敬」所送的燈爲主普燈，獻敬的對象則是各宗姓宗親會的主任委員及爐主。這個儀式都由慶安宮的僧人主持，從七月十二日一早開始，慶安宮的僧人三人組成一組，依照着各姓氏主普委員及爐主的名册，一一到每個人家裡「送燈獻敬」。主普燈爲白色的布質燈籠，中有軸可將燈籠固定撐住，燈上則書寫有「某姓主普」，「慶讚中元」，送燈當日，僧人和簡單的鼓吹隊乘着一部小車，將燈送到主委或爐主家，主人必須準備香案迎接，僧人則把主普燈掛在香案兩側，並在香案誦經獻敬，完後再乘着汽車到另一家去。

獻敬的對象，多達三、四十處，僧人從十二日一早開始，便馬不停蹄地奔波着，中午也不敢休息太久，便開始未完成的工作，一直忙到傍晚六、七點，才告一段落，正式完成這個活動。

七月十二日也是主普壇按例開燈放彩的日子，活動都在晚餐後舉行，時間約莫在晚上七點左右，開燈之前，負責法事的僧人要到主普壇前，施法淨壇後，接着由輪值主普的主任委員及爐主、諸位副主任委員等，一齊站在主普壇前一排預先準備好的開關前，在同一口令下，同時按下開關，讓已佈置完善的主普壇瞬間大放光明，普照陰陽兩界。

七月十三日，進行的是迎斗燈遊境，這個節目一直被視爲放水燈之前的一個小高潮，每年都還吸引一些有興趣的人來參觀。

所謂「斗燈」，爲寺廟建醮、普渡常見的避邪祈福之物，主要的功能是「禳境內邪鬼，祈求天賜福祥，合家平安，士農工商各業興隆……」（片岡巖《台灣風俗誌》），斗燈的形制，主要是由圓斗、鏡子、尺、秤子、剪刀，涼傘組成，鏡子乃寓「合境平安」，秤則爲「權衡輕重」，剪刀爲祈「合家平安」，民間在舉行建醮或法會之初，大都有「安燈點燭」之習，鷄籠中元祭自不例外。

鷄籠中元祭爲每年按例舉行的盛典，每次雖輪由不同的姓氏主辦，但無論由誰主辦，各字姓宗親會都得參加，已成一固定的活動，各字姓氏組織分別都擁有歷史悠久，精雕細琢，且體積龐大的斗燈，平常這些斗燈都安奉在各字姓的會館或爐主家中，至七月十三日下午，再迎出至慶安宮前集合，等待繞境遊行。

十三日下午二點左右，到了預計出發的時間，經由輪値主普主委向媽祖上香示意，正式宣佈迎斗燈活動開始，偌大的隊伍，就在聚樂社、得意堂子弟團的前導下，緩緩出發了，先由慶安宮向東，沿着仁三路→愛三路→左轉仁二路→忠一路→繞火車站前圓環

↓孝三路到底三十一號橋邊↓忠四路↓仁五路↓愛三路↓仁三路↓愛五路↓仁二路↓劉銘傳路↓信一路↓義五路↓信二路↓義三路↓信一路↓義二路↓信七路↓義一路↓愛三路↓仁二路↓孝二路↓忠二路回到慶安宮。

各字姓的斗燈迎回慶安宮前，紛紛將斗燈分件卸下抬入廟中，進入正殿前，抬斗燈的人還得跨過擺在地上的一爐檀香，以淨身祛邪，然後才得以將斗燈安奉在正殿之內。

各字姓的斗燈分成兩組並排在大殿兩側，每組七個，依照左尊右卑，前小後大的順序，以明年輪值主普姓氏擺置在最大位，依爲一直排列下去，最末的位置則是去年主普的單位，值年主普姓氏的斗燈，則安奉在正面的供桌上，另有些各斗首的斗燈，也是安奉在正面的供桌上，擺置的順序分別是最前列右爲「獻地首」，左則「水燈首」，第二列右置「副會首」，左奉「斗燈首」，第三列中爲「三官首」，右分置「人官首」、「地官首」，左則排「天官首」，「水官首」和「五穀首」，最後一排除安奉輪值主普斗燈，另排有「玉皇首」、「發表首」、「獻敬首」以及爐主斗燈等，琳琅滿目，極爲壯觀。

斗燈安置完畢後，正殿正式封閉，禁止閒雜人等出入，正殿前臨拜亭之處還垂下一大塊紅布，遮住正殿三分之二以上，僅餘兩旁側門供必要人士進入，其目的有二，一示淨壇，二是可以擋風，次日正式點燃斗燈之後，所有斗上的燈必須日夜長明，絕對不能

（斗燈配置圖）

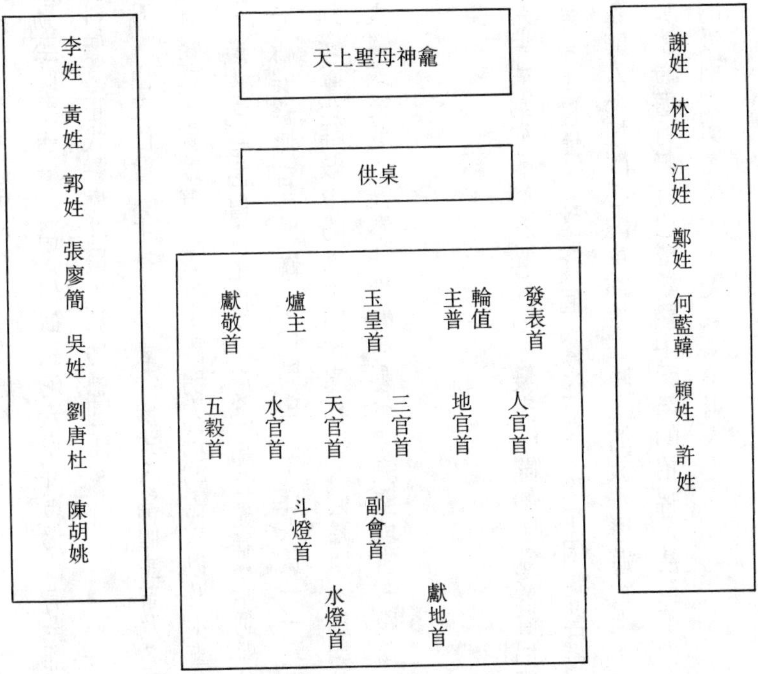

慶安宮斗燈配置圖

中途熄滅，遮下這一大塊布，正可避免風把斗燈吹熄。

十三日的迎斗燈活動至此雖告一段落，但眞正的安奉斗燈仍沒有全部完成，必須延續到十四日清晨的發表科儀，正式點燃斗燈才算功德圓滿。

七月十四日清晨六點，由五位僧人主持「發表」儀式，輪值主普及各字姓代表執爐跟拜，用意是向天上諸神禱祝，宣讀普渡表章，說明人民的需求以及主事弟子的名字，以上達天庭，神人共鑑。儀式完全由僧人主持，主要的節目先誦《摩訶般若波羅密多心經》，接着誦讀《慶讚中元祈安普渡吉祥文疏》，同時由一工作人員一一點燃斗燈，最後在僧人的率領下，分別到安置在拜殿中的大士山、寒林所、同歸所，爲諸神開光點眼，並誦讀一小段經懺，發表儀式完成，安奉斗燈的活動也才完整地告一段落。

●放水燈，大遊行

農曆七月十四日，祭典活動從清晨六點鐘的「發表」開始，完後僧侶們還在廟中誦讀《普門品》、《大悲咒》等多本經懺，却沒幾個人會注意，除了因這些誦經法會過於單調、靜態，更因爲大多數的人都把關心的重點放在晚上的放水燈遊行上。

沒錯，這些年來，放水燈遊行無疑已成鷄籠中元祭的招牌，甚至不少人誤解這便是中元祭的全部，可見它的吸引力與影響力，委實大得驚人。

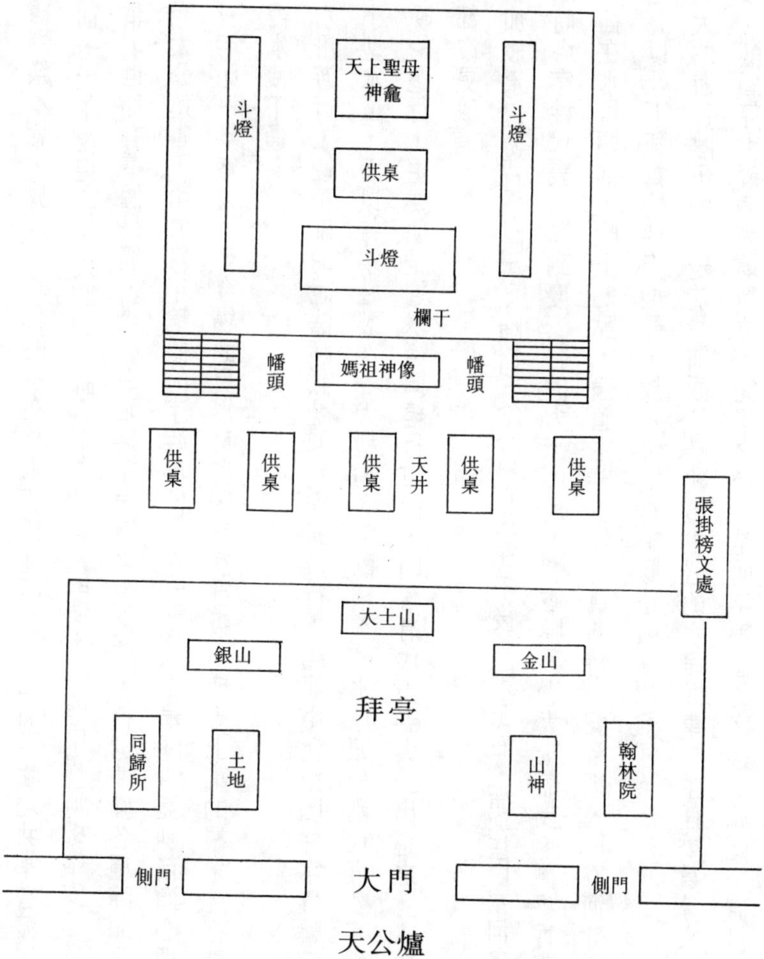
天上聖母
神龕
斗燈
斗燈
供桌
斗燈
欄干
幡頭
媽祖神像
幡頭
供桌
供桌
供桌
天井
供桌
供桌
張掛榜文處
大士山
銀山
金山
拜亭
同歸所
土地
山神
翰林院
側門
大門
側門
天公爐

慶安宮祭場平面配置圖

根據醮祭本意，放水燈的目的旨在爲水陸孤魂照路，招引至陸地共享普渡，因而都在普渡前一天午後舉行，民間認爲唯有如此，才能使水、陸兩界孤魂靖安，各地的醮祭、普渡，也都有這個科儀，鷄籠中元祭在送燃水燈之前，特別準備各種陣頭護送繞境以代表老大公巡香，由於每年輪値的字姓不同，在「輸人不輸陣」互別苗頭心理下，使得活動一年比一年盛大，至今場面更爲可觀，每次都吸引成千上萬的觀衆，把整個基隆市街擠得水洩不通。

放水燈遊行，較正確的說法應該是迎水燈頭遊行；鷄籠中元祭因採字姓輪値主普，並不放小型水燈，而以每字姓製作一大型的、裝飾精美的水燈頭分別代表各字姓善信，十四日晚的遊行，主要便是迎水燈頭繞行市街，因含有代表老大公出巡之意，繞境的路線一直都沒更改過。

參加放水燈遊行的隊伍、陣頭及人員，約在午後六點左右，便在田寮河邊漸漸集結，這時各字姓代表則先到慶安宮的大士山前，燃香膜拜過大士爺後，再將香帶到水燈頭車，插在水燈頭前，晚上七點，輪値主普主任委員準時一聲令下，田寮河畔響起串串的鞭炮聲以及天狂囂的沖天炮聲，放水燈遊行的隊伍緩緩出發了。

龐大的遊行隊伍中，走前最前面的是輪値主普的水燈頭車，主任委員等人以及各式的陣頭、藝閣等十幾個表演單位，完了之後才是明年輪値的字姓，如此一直排列下去，

▲放水燈遊行中，裝飾得美輪美奐的藝閣。

▼善泳的人跳入海中，一路護送水燈至遠處，以祈求家族興盛。

直到十五個姓氏全部結束，每個字姓參與遊行的除了水燈頭及主要委員等固定隊伍，其他各家準備的藝閣或陣頭大不相同，有傳統的藝閣，有改良式的塑像藝閣，有鼓吹隊，有駛旱船者，更有高達一、二層樓高的水燈排，由於陣容龐大，燈飾美麗，所到之處都引起成千上萬羣衆的熱情圍觀。

迎水燈的隊伍，從田寮河邊的仁一路出發，沿途經過義三路→信一路→義二路→信七路→義一路到市政府的觀禮台前致敬或表演後→愛三路→仁三路→孝二路→忠一路→孝三路→忠三路→孝二路→仁五路→愛三路→仁三路→愛五路→仁二路→劉銘傳路→信一路→義五路→信二路→義三路口解散（各姓宗親會水燈頭車右轉至信七路、義二路口，等候十五單位到齊出發到望海巷準備燃放水燈），遊行的時間從晚上七點出發，預計在晚上十一點結束，但由於基隆市街頭狹小，遊行的路線長，隊伍又多，再加上到處都是擠得滿滿的觀衆，每年都會超出預計的時間甚多，水燈頭車雖然不待遊行結束便提早離開，但仍因街窄車多，通行困難，延誤許多時間。

放水燈的地點，都在八斗子望海巷的公車總站邊，這個海灣是目前基隆市唯一沒有商業、漁業或軍事用途的開放海灣，中元祭才得以在此放水燈，只是七月時節，此地都在夜半十二點以後開始漲潮，放水燈的時間定在晚上十一點，主要是希望藉著最後的退潮，讓海水將水燈帶到遠處去，但每每卻在時間的一再延誤下，海水開始反漲才能放水燈，所放的水燈總是廻流不去。

水燈頭載到預定的地點時，先全部齊合起來排列成排，由僧人鳴鈸誦經招請水陸孤魂，接引超渡後，各字姓在水燈頭前焚燒金紙後，才能開始放水燈。

原本相當空曠的望海巷海邊，到了放水燈的一刻，早被四處湧來的觀光客擠得水洩不通，不只妨礙了僧人施法，當一座座的水燈頭被高高扛起，往海邊前進時，毫無節制的人潮更破壞了所有的秩序，到了水邊，前有海浪，後有人潮，地上又是凹凸不平、卵石纍纍的海灘，一不小心，便跌落水中，然而看熱鬧的人們，仍只是當作一件熱鬧看罷了，誰都不會在乎的！

民間俗信，水燈在海上漂流的速度愈快，且漂到最遠的那個氏族，有鴻運之兆，家族必定興盛，因此有不少善泳的人，乾脆跳入海中，一路護送水燈至遠處。如此前前後後大約花了一個鐘頭左右，所有的水燈不是被海水澆熄，便被焚燒了，人潮才開始散去，一時之間，北濱公路上全都是擠得不能動彈的車陣與人羣，也眞成了另一項奇觀。

●普渡與送孤

七月十五日當天，最重要的祭典便是「普渡」。普渡之前，仍需再備祭品至老大公廟誦經疏文，然後才開始普渡，這時普渡壇前已擺滿各種牲醴祭品，麵菓糖人，粿餅酒類等，這些祭品要擺置的地方有三，一是慶安宮前，以普通牲醴爲主，二在中正公園半山腰的網球場，祭品清一色都是製作精美的看牲，這些或大或小，或飛禽走獸，或歷史人物的看牲，自古以來便爲民間普渡重要的內容，目的乃是藉著各式各樣精妙絕倫的手藝，吸引人們前來參觀，可謂是傳統民藝實用化的重要展現，可惜許多人都被山頂上巨大的主普壇吸引去了，而疏忽了這個難得的機會。

高聳在中正公園上的主普壇，也是最重要的普渡場，輪值字姓所殺的大豬公、大山羊都會載到壇前，祭祀孤魂野鬼。當然，裝飾得五彩繽紛、霓虹閃爍的主普壇，本就是一個炫麗的目標，尤其是入夜之後，站在市街稍一抬頭，它的壯麗姿態便映入眼簾，難怪一整個中元夜，總要吸引無數的人們，懷著朝拜般的心情，上山一睹它的近貌。

傍晚左右，慶安宮中有一項由僧人主持的登台坐醆口的法會，主要的目的乃普施孤魂野鬼，共需五至七人聯合主持，由高功登坐中央，其他僧人陪坐兩旁，先行開示誦讀普渡疏文後，高功僧人化身太乙救苦天尊，施法解脫人類災厄，解救地獄孤魂野鬼，最後還一一將桌上祭品施指訣灑聖後，拋施給天地之間的亡靈孤魂，許多民衆看見醆口台上拋下普渡品，也不明究理便搶成一團，形成另一熱鬧有趣的景觀。登台普施的儀式因屬公普，每個儀式都進行得確實而仔細，前後總得花上四個鐘頭，結束時往往都已是夜間十時過後了。

▲中正公園網球場上，每年都製作了許多維妙維肖的看牲。

▶普渡之後，更跳鍾馗以「壓孤」。

儘管夜已經很深了，廟埕上的普渡品也一一被撤去，卻有愈來愈多的人圍在戲台前，原來，他們在等待最後的跳鍾馗。這時候的戲台，早已佈置成孤棚，上面擺滿了用山珍、海味、米粉、年糕、摩訶糕、裂（必）桃等佈置成的五色山，圍成半圓型，開口朝廟門，道士便在這半月形間跳鍾馗。

十一點過後，戲台最前方擺了七盞油燈，另有兩付牲醴扮鍾馗的道士也穿戴整齊，手持七星劍緩緩走到台前，劍一揮，手掠鬚，開口直道：「吾乃終南山鍾馗是也，今奉玉帝旨意，斬妖除魔，壓孤淨地，各路人馬，速歸原位，神歸天，鬼歸地，不得有誤擾民，若無七星劍下斬不容情……」，接著抓起白鷄取冠上之血，又舉黑鴨取舌之血勅在靈符上，插在七星劍上，引火焚燒淸淨五方，全部儀式約莫七、八分鐘便告結束，完後接著送神，廟中各種紙糊的神祇都搬到廟埕的空曠處，由僧人誦經禱懺，送神歸天，工作人員忙著在四周疊放金紙，分頭點燃後，不到幾分鐘，馬上化為熊熊烈火，中元祭禮也隨著這火花的燃滅而告一段落。

●地區輪普與家普

自古以來，基隆便是個商市繁榮的港市，各種私普隨著商業的發達一直相當盛行，戰後雖曾因政府「改善民俗」的政策，被禁止限制一些私普活動，但並沒有因而絕跡，

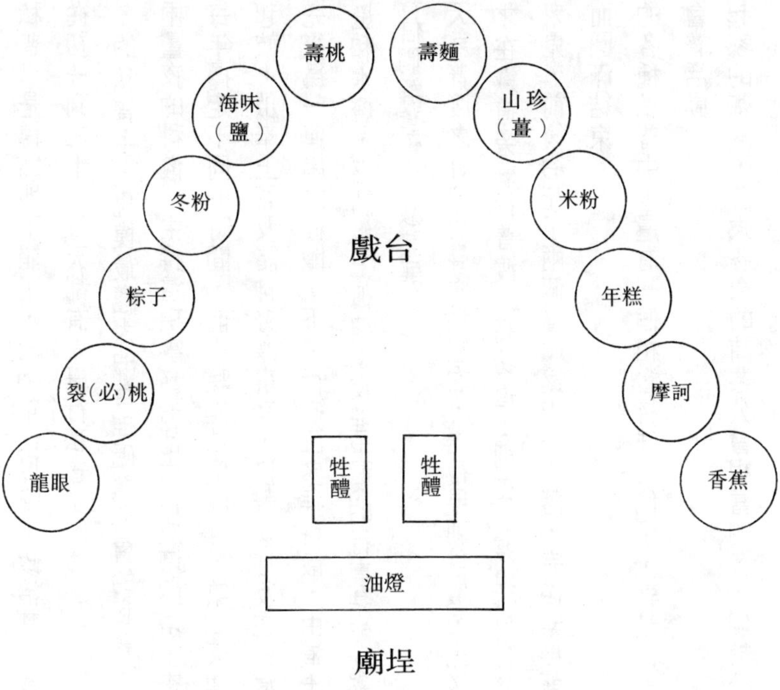

五色山平面圖

大部份的私普只是轉為地下罷了，七〇年代以降，政治禁令漸弛，私普再度受到重視，至今幾乎從初一到三十，每天都有人舉行私普。

在諸多的私普中，規模最龐大的首推碼頭公會的私普，每年都舉行名為「一朝宿啓」，長兩晝夜的科儀，主持這項事務的都由雷成壇的壇主李振勝道長領壇，其子李騰龍主事，每年擇定不同的時間，前一晚先結壇請神，第二天清晨開始，正式進行科事，先是發表起鼓，啟奉上蒼及諸神普渡事宜，接著安灶及在三清壇及三官壇前請衆官將降臨護駕，完後為一連串的經懺。下午行遊江參拜科儀，由道士們乘船到港中紅、白燈塔間施放蓮燈和水燈，召請水上孤魂；夜裡主要的行事是解冤赦罪，誦《靈寶三十六解全科》，為善信們解舊冤，赦諸罪。

第二天為普渡之日，清晨六點左右，先行早朝科儀，完後敬中元，拜天公，一直忙到中午，才在鐵道旁舉行普渡，高功道士則在普渡場搭台登座，召請十方孤魂，再巡筵，普施衆鬼，前後約花了兩個鐘頭遂告一段落，完後緊接著送神，兩朝的普渡法事也隨著送神而圓滿結束。

其他的各種私普中，還有一個相當特殊的例子，就是由一些較小規模的公會，輪流主辦的公會普活動。

商業起家的基隆，各式各樣的商業公會相當的多，屬於公會商會的私普處處可見，

▲鷄籠中元祭碼頭公會私普的疏文。

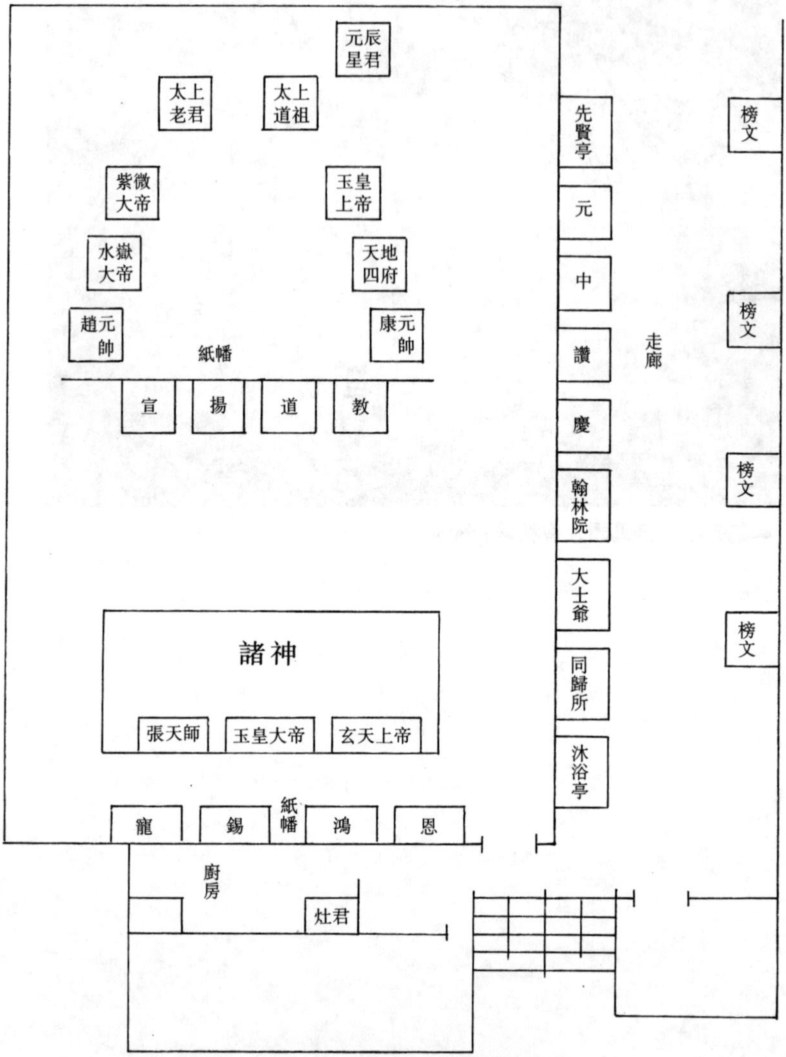

碼頭公會私普道場平面配置圖

像七月三日的忠三路攤販聯誼會普，七月十五日的漁市場公會普，十六日的豬灶公會普、基隆台北漁販聯誼會普，七月二十日的信義市場公會普、二十六日的愛四路攤販聯誼會普等等，都屬於這性質的普渡，而這些私普，都是每年在固定的時間舉行，每年的活動也都大同小異，大都是請道士或僧人來舉行「小普」，完後則馬上舉行擲筊選出明年爐主的事宜。除此外，公會私普也有少數幾個例外，每年七月二十一日，在奠濟宮前舉行的兩個私普中，便有一個是由四個同業公會輪流舉辦的。

奠濟宮前的公會輪流主普活動，歷史已經相當的悠久，參加普渡的公會分別是米穀商同業公會、日用品雜貨同業公會、銀樓同業公會、中藥商公會等四個單位。這四個公會都算是小型的公會，人力、財力及物力都不見得充裕，據說早時也是各公會分別舉行，日領期因受物資匱乏的影響，乃倡議聯合舉辦，經幾次協商後，由米穀商公會率先負責主普，四個單位依序輪流，至一九九〇年，負責的公會是銀樓同業公會，一九九一年，再輪至米穀商公會。

這個由四個公會組成，四年一輪的普渡活動，乃是請道士主持，祭典之初，道士先行請神，並清淨過各供品，在豬公請過大士爺後，手持起上書「太乙救苦天尊」的紙幡，以示化身之意，同時誦讀《太上靈寶正壹施食玄科》，引導衆小鬼們，「雙手撥開生死路，翻身跳出鬼門關」，約一個鐘頭左右，科儀做完，道士手持紙幡巡筵各善男信女所準備的祭品，並舉行象徵性的普施後，將紙幡折斷，交由主事者祭拜，接著馬上謝壇送神，小普儀式至此全部結束。

民間舉行的這類小普，無論是道士或者僧人，編制都相當簡略，主事者大都僅一名，僧人或另配有三至五名誦經者，主要的法事仍由僧人一人負責，儀式大都以誦讀經文爲主，道士唸誦的都爲《小普玄科》，僧人則誦《大甘露門施食要集》，儀式的過程大都仿照大規模的公普，只是所有的科儀都簡化處理，如此才能把三、四個鐘頭的普施法會，縮短在一個鐘頭或一個多鐘頭中演出。

輪普、私普之外，還有「家普」，所謂「家普」，當然是指以家庭爲主體的普渡活動，最大可擴及同家族的幾位兄弟聯合舉行，普渡的規模也可大可小，時間可分爲每年固定舉行或者自由擇期舉行。普渡必須要準備相當多的祭品，這些祭品大都爲菜碗，許多家庭乃趁普渡的機會，宴請親朋好友、員工商家，形成一年一度的普渡宴，以增添大家的交情。

至於家普的儀式，完全視各家庭的經濟能力和需要而定。大體而言，都僅由主人率領子弟或員工祭拜禱祝而已，並無特別的儀式，但也有些從商的人家，幾位兄弟聯合起來舉行的家普，仍請道士前來主持普施法會，規模絲毫不遜街普或公會普。

從家普的自由性中，我們可以看出，這類的普渡純粹是由民間自願自發式的民俗行爲，他們選擇自己能力與時間允許的範圍，以虔誠、悲憫的心情普渡孤魂野鬼，除了祈求他們不要來驚擾自己，當然也含有濃厚的人飢己飢、人溺己溺的情懷，因而至今仍保存著相當普遍的普渡現象，委實是相當珍貴的！

●關龕門，謝平安

毫無疑問的，關龕門乃爲相對於開龕門的習俗。民間於七月普渡結束之後，都於七月的最後一天或八月初舉行。（有些地方輪流普渡至八月初才結束，關龕門必須等所有普渡活動結束後才能舉行。）

歷年來的鷄籠中元祭，都於舊曆八月一日舉行關龕門活動。老大公廟的私普也在同一天，按例都會延請基隆雷成壇的李騰龍道長前來舉行普施法會，完後接著由輪值主普關龕門，這兩個活動可一併觀察討論。

老大公廟的普施法會，從七月三十日開始，法會之前，道士們已在廟前的拜亭布置好一道場，其平面配置的情形是：

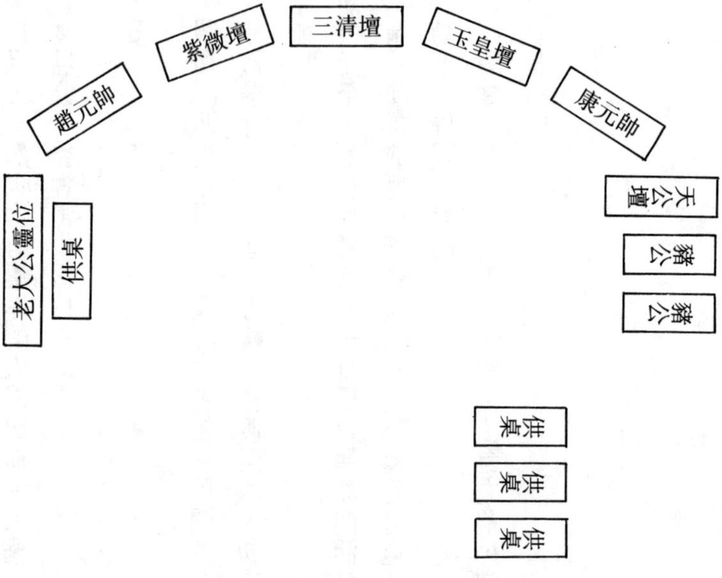

老大公廟道場配置圖

整個普施法會，乃由熱鬧喧嘩的「起鼓」揭開序幕，這個鬧場的活動，主要是為增添現場的熱絡氣氛。接著舉行「發表」科儀，這個儀式俗稱「請神」，主要是向天上諸神及台地各重要神祇宣讀表章，說明法會主旨，並請諸神皆前來共襄盛舉，以為整個法會作見證。儀式進行當中，道士也象徵性地舉行醮場諸神和大士爺的開光儀式，不久後儀式全部結束，今天的活動也告一段落。

八月初日一早上十點左右，道士在天公壇前舉行拜天公的儀式，天公壇分頂桌及下桌，頂桌朝廟外的一邊，並排有三個燈座，兩邊懸高錢，桌上置紅圓、紅牽、四果、四糖果、壽桃等祭品，下桌則置有摩訶、裂（必）桃、紅龜、三牲及豬頭一副等祭品；儀式由三名道士進行，目的有二：一是酬謝天恩，二是將普渡信士名號上疏天庭，因善信名錄多達千餘之普，道士花了很長一段時間才全部上疏完畢，至近午才結束此一儀式，隨即將燈座及疏文一併送到天公爐焚燒，另一組人馬則負責拆除頂、下桌，收好祭品，拜天公儀式遂完全結束。

中飯過後，在三清壇前進行拜懺的小型科儀，唸誦的經文為《靈寶正壹地官中元寶懺》，全部約花一個鐘頭稍多，便結束了這個節目。

午後兩點，正式展開登台普施的科儀，民間的登台普施，大約可分為大、中、小三種規模，俗稱「大普四點鐘，中普兩點鐘，小普一點鐘」，說明了三種規模所需的時間，而大普和中普，都有坐燄口的儀式，場面較爲可觀，當天進行的屬中普規模，燄口台就搭設在康元帥和趙元帥間的空地上，由道士五人共同負責這個節目，道長於登台請完衆神後，化身太乙救苦天尊，登坐燄口，分撒孤食，普渡衆生，是爲整個儀式最吸引人之處，尤其每一次分撒孤食時，總吸引台下擠得滿滿的善男信女競相爭奪。

登台普施的科儀全部結束後，已經四點多了，道士們稍事休息，由於時間已晚，爲避免和輪値主普預計在六點鐘關龕門的時間衝突，乃匆匆進行最後一個謝壇的節目。一般性祭典的謝壇，只爲謝神與送神，儀式也相當簡略，老大公廟前的謝壇，一方面含有關鬼門的目的，同時又在一開放的場所演出，有許多觀衆圍觀，主事的雷成壇乃演出全本的謝壇科儀。

完整的謝壇活動，和醮場中的「禁壇」科儀的前半部頗爲相似。由於科儀後段有一關鬼門儀式，整個節目乃改在老大公拜殿前擧行。先是由三名道士登場主祀，不久馬上由另一身穿海靑勁裝的年輕道士接場，只見他手持七星劍，淸淨過五方後，便召來官將，驅逐邪魔。只見他飛身翻舞，撲打不斷，手中的兵器或持雙鐧，或以空手，如此進行了一個多鐘頭，進行第三階段的關鬼門儀式。勁裝道士手持七星長劍，唸誦禱文，明訴用意後，先是將仍在悠遊八方的孤魂野鬼一路追趕回鬼門關，持七星劍在艮方封住鬼門關。封關的時候，道士突然手掩雙耳，據表示係諸鬼不願被關入鬼門關，發出滋滋的哀哭聲，道士不忍聽見。

道士封住鬼門關，謝壇科儀也告一段落，接下來仍是由老大公廟管理委員會先行祭奉老大公，完後再由輪值主普舉行整個雞籠中元祭的關龕門活動。

輪值主普姓氏舉行的關龕門，主要的儀式仍以三獻禮行之，因接在道士科儀之後舉行，主普者乃臨時商借道士的後場，在儀式進行中演奏各種適當的配樂，儘管道士的後場組織並不完整，但仍使得整個三獻禮顯得隆重而莊嚴，可見後場配樂實有畫龍點睛之妙。

三獻禮結束後，關龕門的儀式正式登場，首先還是由廟方將錦盒捧出，親手交給輪值主普的主任委員，輪值主普的主委同樣朝老大公靈前拜了三拜，然後擺在供桌上，小心翼翼地打開錦盒，簽寫下某年某月，由某人關龕門的紀錄，再取出鎖及鑰匙，走到老大公右側的廟門上，先關上鐵門，上了鎖後，再關上外面的木門，然後將鑰匙放回錦盒中，將錦盒交還老大公廟主事者保管，關龕門的儀式遂告一段落，鷄籠中元祭的祭典活動至此也全部結束。

——本文為一九八六年及一九九〇年田野調查之綜合紀錄。

第三輯
民俗本義

豐厚才是年的本貌

——從日漸淡失的年味回溯年的精神

每年過了尾牙，街市中繽紛嫣紅的市招，四處高懸的年畫、春聯以及人們身上的年終獎金和各式各樣的年貨……總是很自然地把春節的氣氛愈堆愈高，畢竟，自古以來，年在人們的心目中一向佔有最重要的地位，只是這些年來，人們在歡喜過年之餘，總會多了些感嘆：年味一年比一年淡了，現代過年愈來愈沒有意思了……。

是的，現代的年是變了，但這是時代的不同，或者是人心的改變呢？

●年不是一成不變的

年是台灣人歲時祭祀中最重要的民俗之一，要討論它在現代社會中扮演的角色問題，顯然必須重新確認民俗的本質與定義。

過去長久以來錯誤的教育與宣導，許多傳統的台灣民俗都被視爲迷信的同義詞，如此一來，遂使得愈來愈多的年輕一代對民俗產生排斥的心理，對民俗的認知往往也停留在老古董或者舊產業的標準上。事實上，這樣的觀念完全是不正確的，民俗是指人民的生活與禮俗繁衍出的基層文化，換句話說，它乃是人們生活風貌的呈現，在此前提下，必然要隨著人民生活的不同而改變，許多中外的民俗學者，爲民俗所下的定義中，大體都包括了：實用性、反覆性、融合性與改變性等幾種特性。

認識了民俗的特性，至少我們可以體認年的現代化本就是一種必然的趨勢，但無論如何現代化，至少應該與現代人的生活緊緊相扣才是；現代的年，卻讓許多人愈來愈覺得沒有味道，甚至沒什麼意義，這其中又有些什麼樣的問題呢？

台灣是一個典型由移民組成的農業結構社會，拓台以來，三百年間雖然遭受到許多外力衝擊以及兵燹災禍而有稍許改變，大體上仍維持著傳統的型態。直到太平洋戰後，政府全力發展經濟，力促工商業的興起，不僅使得台灣的社會結構起了革命性的改變，更讓愈來愈多的人迷醉於追求經濟利益的狂濤，整個社會也就在這樣的風氣下，處處講究經濟至上，對精神面的生活卻愈來愈不重視。尤其是八〇年代中期以後，大多數人在極度的忙碌與煩瑣中過日子，所有的休閒與娛樂也走向速食化與感官化的胡同中，「精神生活」對他們來說，根本是夢想不到的事，更不要說體認或者接近先民流傳下來的文化遺產了。

現代人對於過年會覺得愈來愈沒有味道，對於許多傳統的年俗大都覺得無聊或者無趣，顯然跟上述的原因有絕大的關係；人們在失去親近、體認傳統文化的機會之後，對文化的本質與精神更沒有機會認識與了解，如此惡性循環，只會使得問題一年比一年嚴重，也正因此，我們有絕對的理由相信，如果讓現代人能夠有機會重新接觸年俗，進而體認傳統年俗中所蘊含的多重含意，非但可以讓許多人對年的印象改觀，更可以由於體認、參與和融合，使得年俗眞正進入現代人的生活中，讓更多的朋友過個豐盛、趣味且有意義的年！

●農業時代的年俗

前文提過，台灣是一個典型由移民組成的農業社會，所有的傳統習俗，自然都是爲了因應如此的社會而產生的，以傳統的年俗爲例，便有多項表現出這個特色。

一、入年假，出年假：入年假、出年假雖然是客家人的說法，但是在台灣，無論是閩人或者粵人，年假都從臘月廿五日開始，至大年初五甚至是元宵節才結束，這麼長的年假，乃因農業社會時代，農人們除四時神誕慶典外，並無其他假日，更因此時作物不長，正可趁機會休息。

二、結束與新生：在冬天的時候過年，在現代人的心目中，彷彿是天經地義的事，其實，並沒有任何人規定年一定要在冬天過的，先民們選擇在這個蕭瑟酷冷的季節過年，主要是依從自然的運轉；冬的古意爲終，天地萬物，經過四季的變化，正是結束舊生命，繁衍新生代的時節，人們的力量根本無法與大自然相抗衡，只能依從著四季的變化，在冬天裏畫上一個句點，並促使一個全新的希望誕生。

除了上述兩個因應作物生產的特色，還有不少因農業社會而繁衍出來的節俗，像占歲、抽四季籤、崇祀自然之神以及喝春酒等等皆是。舊時人們過年，除夕夜都要賭博，一方面是爲守歲而設計出來的娛樂，同時也有占卜來年運氣或者作物豐嗇的象徵意義。到了現今，已經沒有人會記得這一層的意義，大家總是希望多贏一點，可以在新年期間痛快的花一花。

抽四季籤也稱抽年籤，這是一種最能表達傳統社會村莊命運共同體的新年風俗。在大年三十夜半或者新年初四早上（各地時間不一），有許多的寺廟，都要舉行公共的抽籤儀式，所抽籤的主題包括春、夏、秋、冬、早冬、允冬、人口、工、商、六畜等項（每座廟的項類、名目不一），其目的和意義是預卜新的一年中，各行各業的概況，如果所示爲好籤，正可以鼓勵大家趁著好運多付出一點心血，以期有更好的收成；如果是壞籤，代表一種警示與慰勉，希望人們能夠加倍努力，以扭轉乾坤，創造美好的生活。

傳統的客家人在大年初一早上，除到寺廟行香，還要特別在居住地方的附近，崇祀

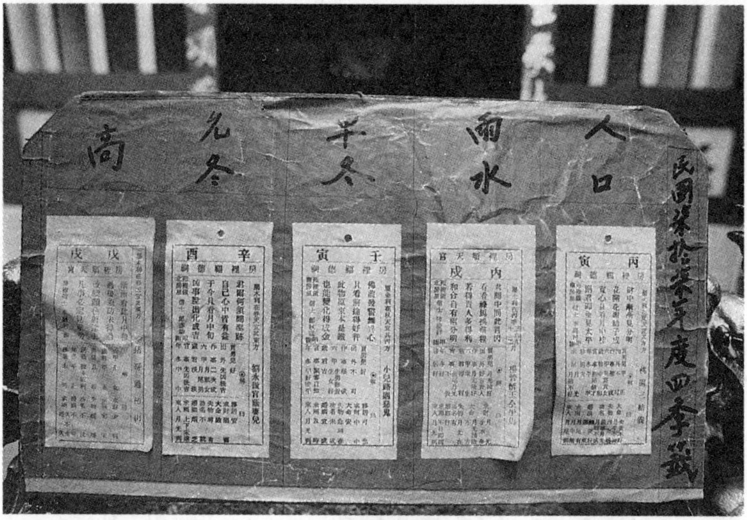

▲抽四季籤是傳統人們過年時預卜一年運氣的方法。

▶直到今天，寺廟抽四季籤的習俗依舊保存著。

自然之神，這些自然之神包括了山神、河神、田神以及屬於物神的井神、橋神等等；閩南人也有類似祭祀井神、橋神的舊習，時至今日，甚至還保有出行祭橋神的風俗。這些風俗雖然在現代人眼中，一直被斥爲迷信與製造髒亂的禍首，但其最初卻蘊有崇自然、敬萬物的含意。這個觀念顯然因農業社會，人所能利用的力量有限，無論是耕作或者任何建設，都僅能憑靠人力以及獸力，這種情形下，對大自然以至於天地萬物很自然地產生了崇敬之心。每逢開春的祭祀，除了崇敬之心，更包含了感謝、安奉以及祈求等多重複雜的心情。

舊時的人們，於大年初一至元宵期間，都會互請喝春酒，至今舊習仍存，卻日益不受重視，此俗實爲農業社會時代，人們最重要的社交活動；新春期間請喝春酒，因此時正值農閒，大家不必爲農事而煩，自然形成了一種交誼季，請春酒的本身，也含有聯繫人情、交換農業心得以及互勉努力等多重的意義。

立春拜春牛的習俗，雖然並不一定恰逢新年期間，但自古立春皆代表春之首，古來便被視爲新年活動中的一環。連雅堂修《台灣通史》載台灣早期的迎春活動謂：「立春之前一日，有司豫塑春牛，置於東郊之外，至日往迓，謂之迎春。男女盛服觀，衣香扇影，雜喧滿道，春牛過處，兒童爭摸其耳，或鞭其身，謂可得福，迎春如在歲首，尤形鬧熱，宛然太平景象也。」，現今還保存此一習俗的，僅剩台南市而已，卻經常遭人批許是一種不合時宜的迷信行爲；以現在的社會條件來看，顯然是有不合時宜之處，但它在傳統社會中，絕不只是迷信而已，而表現出人們對獸力的需求與渴盼，祭祀春牛主要的目的乃希望上蒼能夠賜給人們更多的獸力，以協助農耕，這樣的特質，正充份顯示了傳統年俗的農業性。

●古來皆具的宗教性

舊時的社會，資訊不發達，人們的知識大都來自老輩的口傳心授或者村里鄰人間的談話，對世界以及宇宙的認識極有限，掌握未來的能力更弱，對信仰的需求自然愈大；傳統的年俗中，當然也有不少反映出宗教性的特色。

自古以來一直很受到人們重視的新春拜廟習俗，當屬宗教性色彩最明顯的一例。台灣人過年雖然並不一定要拜十廟或八廟，但到附近寺廟行香已成不可免的習俗，其目的包含了祈求子嗣、闔家平安以及新年諸事順利等等，現代人也許不再求子嗣，求的是發財賺大錢，但無論求的是什麼，都十足說明了它的宗教性。

新年開正，人跟人見了面，總要互道「恭喜」，現代人大都以爲這是一種客套話，它的源起傳說，卻有十足的宗教性成份，廖漢臣撰《台灣的年節》敍述得頗爲詳盡，值得抄錄供大家參考：

昔時，沒有電燈、不論貧富，一律使用油燈，以竹做成架子，上面放置油盞，以植物油和燈蕊來點火。因爲架子形似一隻蹲著的猴子，一般都把它叫做「燈猿」。其實「燈猿」是「燈鈎」之誤。因爲發音略同，誤把「燈鈎」叫做「燈猿」的。昔時的人，頭腦單純，以爲門户器具都有神，每逢「冬至」，便以米圓來敬奉祂，叫做「餉耗」，獨獨「燈猿」被除外了，所以大爲不平，暗暗懷恨說：他每夜給人們帶來光明，給人們多大方便，人們倒忘恩負義，不把他放在眼裏，就到天上去稟奏玉帝，說：人們忘恩負義，如不把人們消滅，重新創立一個良善的世界，將來就難於設想了。火神被惑，也向玉帝作證說：人們罪大惡極，如不早些改造，必有後患。於是玉帝聽了讒言，命令造化之神，在某年除夕十二點鐘，把陸地沉沒，另造一個世界。這個消息給好心的「土地神」竊聽了，忙轉告「灶神」、「門神」、「床母」等家神，諸神慌做一團，急開會議，一面派「床母」去找「觀音菩薩」，向玉帝講情，一面告訴人們。人們知道「除夕」之夜，陸地就會沉淪，惴惴不安，但是想來想去，想到獲罪於天，無所禱了，就覺悟一死了之。「除夕」之夜，各家大開殺戒，把所有家畜全部殺了，答謝神明祖先庇護之恩，然後一家大小圍在一起，開始大吃大喝，抱著沉痛的決意，等候世界的毀滅。可是時間一秒一秒的過去，到了午夜十二點過了，依然沒有發生什麼異變。其實，是玉帝聽了觀音菩薩的阻諫，收回成命的。人們憂慮地等到天上露出曙色，聽著遠近寺廟的鐘聲，相繼而響，纔知道大劫已過，大家死裏復生，忙去梳洗，更換新衣，祭告神明祖先，而後出門去探視親戚朋友，因此見面，就互相慶幸說：「恭喜！恭喜！」據說賀年，就是起因於此的。

地方性的新年習俗中，也有不少因宗教性而生；台中縣新社鄉，每年大年初三至初六間，例行迎九庄媽，以祈新年風調雨順、五穀豐登便是一例；台北野柳地區，每年元宵要行洗港儀式，也是因爲過了元宵之後，漁船要開始出海捕魚，在出海之前，請神洗港，趕走海中魔障，以保行船人平安，漁獲豐富；台南縣的東山鄉，每年在臘月廿三日，要將碧軒寺的佛祖送回祖家關仔嶺的火山碧雲寺過年，待大年初十，再浩浩蕩蕩地迎回碧軒寺中，這個地方性的廟會，不僅說明了年的宗教性，更包含了親情性。

●喜氣吉祥親情暖

過年另外一個重要的意義和它最溫暖的地方，自然是它的親情性。日領之前的台灣社會，雖因交通不便，人們大都務農維生，少有機會外出他鄉，但仍有些人由於職務、求學或者生活的緣由，必須離鄉背井，這些外出的遊子，平常沒有什麼機會與家人共處，過年必然要趕回家鄉，和家人一同拜祖先，一起吃年夜飯，飯後還要發壓歲錢，爲父母守長壽歲，開正之後，向長輩親友拜年……這所有流露出團圓、溫暖氣氛的年俗，都是親情性最重要的表達。

新年期間，家家戶戶都必須要點燈，這種風俗，除增添喜慶氣氛，也因燈音近丁，意寓點燈可多添丁，婦女若到廟中行香，也必然會祈多生貴子，顯示了先民對子孫的重視，所謂「多子多孫多福氣」，正是傳統社會中最幸福的風景。

戰後的台灣，社會結構徹底改變，也使得傳統的人倫觀念起了變化，致使許多充滿親情性的新年節俗，被視爲繁文縟節而爲人們漠視，如果我們能夠體會早期人們以「一家火」或「一口子」稱呼同一家人的情懷，也許就比較能夠體會親情在年俗中的重要意義了。

當然，喜氣與吉祥也是過年最重要的氣氛之一，人們爲求喜氣，乃貼春聯、結紅綵、放鞭炮，並設計出許多歡樂的遊戲，讓大家在快樂中迎接喜氣。人們爲求吉祥，除了用各種同音的花果意寓吉祥，像柑意寓甘美，橘代表吉祥，鳳梨象徵旺來……，更有許多反面的訴求：過年期間家家戶戶都會備置幾盆春花，舊習中於是有了如果有惡運的人家，春花擺在家中必會馬上枯萎，否則便是吉兆，這種說法顯然不近情理，只要是種

▲現代化的年，依舊可找到手工製作的年味藝品。

活在花盆裏的花，並不大可能馬上枯萎，人們如此反面的訴求，自然是為了多取一些吉兆了。

舊時的過年，也有許多禁忌，諸如：不能罵人，不能說不吉利的話，不能毀壞器具，不能和他人發生衝突，不能向別人要錢，不能丟垃圾，不能煮食稀飯……這些禁忌雖不是每一項都可以解釋，但禁忌的產生，顯然都是舊時的人們，不希望在這舊年尾、新年頭，碰到這些不愉快的事情，讓人們的心頭蒙上不吉利的陰影，這不也是人們求吉祥的另一種方式嗎？

●給自己一個豐厚的年吧！

談到這裏，我想對於年的舊有精神與許多特性，都有了具體的了解，但並非如此，年就馬上會變得有意義起來的！

過去，我們在拚命嫌棄年味愈來愈淡的同時，自己也同樣的不重視年俗，多數人捨棄生意盎然的鮮花，插得滿屋子都是同樣呆滯的塑膠花；多數人寧願花幾十元，買來機器做的塑膠春花，也不肯再花多一點錢，買幾朵手工製造，既吉祥又美觀的工藝春花，至於其他種種，也幾乎全盤的廉價化、塑膠化了，我們自己都如此粗糙的對待年，又怎能要求年給你多少溫暖、豐厚的氣氛呢？

要改變這些其實不難，問題在於：你需不需要一個意味盎然的年，肯不肯給自己一個喜氣、吉祥的年罷了。

——原載一九九〇年一月廿八日《中央日報》副刊

媽祖傳說

——台灣有關媽祖的種種趣聞

台灣有句俗諺說：「三月瘋媽祖」，生活在現代都市中的人們，也許無法感受到這句話的重要性，但在中、南部的鄉間，道路往來的是絡繹不絕的進香客，各地的開台媽祖廟、開基媽祖廟、正統媽祖廟、眞正媽祖廟、大媽祖廟、二媽祖廟、三媽祖廟……都擠滿了香客，而各種與媽祖有關的傳說也紛紛出籠，甚至連大家樂一直到六合彩的信徒，也默禱著：祈求媽祖大顯威靈，明示尾二碼……。

正神大道的天上聖母，恐怕是不會出明牌的，不過許多有關祂的妙聞趣說，最能說明媽祖和台灣民間所建立的密切關係。

●大道公的求婚

相傳俗名林默娘的媽祖，爲福建興化莆田縣人，十三歲時曾蒙一和尙授以玄微的妙理，十六歲又自家中的古井得到神仙銅符，乃潛心修道，終於二十八歲那年升天成神，此後屢次顯現威靈，並救海上生靈無數，媽祖的信仰乃在沿海一帶傳拓開來，並成爲航海漁人最重要的守護神之一。

神話傳說中的媽祖，爲單身的女性，因而產生了不少有關愛戀的故事。一是千里眼與順風耳，相傳此兩長相怪異的人士，原爲殷紂王的部將，千里眼名叫高明，順風耳原喚高覺，成仁於周武王的桃花山之役，死後化爲鬼害人。有一次媽祖路過桃花山，不怎麼高明的千里眼與順風耳，竟向媽祖逼婚，後來相約決戰，兩人敗陣，乃成爲媽祖駕前忠誠的男僕。

另一傳說中曾覬覦媽祖姿色的是大道公，傳說大道公暗戀媽祖已久，一直不敢開口，有一次媽祖出巡，大道公鼓起了勇氣，表明欲娶祂爲妻的意圖，沒想到被媽祖一口回絕了，惱羞成怒的大道公，馬上施法下了一場雨，把媽祖的衣衫淋得濕透了，媽祖當然也不甘示弱，等到下次大道公出巡時，施法颳起一陣風，把大道公的帽子都吹飛了。此後，大道公出巡時必然颳風，媽祖繞境免不了會遭到一場雨，這雖是因迷信而來的傳說，不過往往迎媽祖時，經常會碰到雨天，有時候甚至本是天清氣朗，迎來媽祖却突來陣驟雨，倒也眞令人難以解釋。

此外，媽祖在台灣顯聖的傳說也不少，其中最著名的莫過於淸同治元（西元一八六二）年，戴萬生率衆起事，率軍包圍諸羅城，並乘勢攻下北港，北港人心惶惶，請示媽祖神諭，答案是「戰之吉」，北港人雖沒信心，却只得硬著頭皮應戰。不久後戴萬生軍攻來，却見北港市街豎起「金精大將軍」與「水精大將軍」巨大神幡兩面，紛紛不戰而逃，戴萬生不信此事，親率精銳來攻，只見北港市街黑旗遮天，戴萬生軍潰不成軍，北港人認為這些都是媽祖顯靈所致。

●信媽祖避災禍

太平洋戰爭末期，盟軍對台灣的空襲相當厲害，幾個稍見規模的城鎮，多少都得挨上幾顆炸彈，唯獨北港一直無恙，北港人認為，這是媽祖撩起了裙裾，把炸彈都接走了所致，這個傳說顯然是想當然耳，却證明了北港人對媽祖的愛戴。

每年農曆三月上旬，大甲鎮瀾宮的媽祖必得徒步三百里路，古早是到北港進香，現在改成到新港繞境，每年參與的人士多以萬人計，從十三、四歲的兒童到六、七十歲的老太婆都有，他們憑著毅力，嚐盡所有的艱辛與困苦，自台中的大甲，經彰化、員林、永靖、北斗、溪州、西螺至北港或新港，然後再回到大甲，八天七夜中，每天只睡短短的三、四個鐘頭，忍受餐風露宿之苦，無怨無悔地跟著大甲媽祖出巡，不只說明了民間信仰的偉大，更繁衍出不少神蹟傳說，記述幾例供各位參考：

有一位婦人，結婚第三年，先生便經常夜不歸營，她想盡各種辦法，先生卻愈往外發展，甚至連家都不大願意回，婦人哭腫了眼睛仍一點辦法都沒有，後來有隣人指點她求大甲媽祖，有一年，她隨著大甲媽祖南下進香，一路求乞媽祖解決，後來乞得一香灰，帶回家暗中泡給先生喝下，從此以後，先生竟回心轉意，再也不在外面拈花惹草。

遠住在台東的巴先生，幾年前女兒剛國中畢業，在人口販子的圈套下，糊里糊塗地簽下女兒的賣身契，女兒被帶走後許久，有人告訴他，女兒在台中的私娼寮裏，他趕來營救，卻撲了個空，後來找遍了台灣中部的風月場所，仍一無所獲，最後經人指點，求助大甲媽祖，不到幾個月，女兒竟安全脫險回來，問起這幾個月的行踪，答案是一直待在台中那家私娼寮，再經仔細查對日期，發覺他趕到私娼寮那天，女兒剛好去看醫生，因而撲了空，但不久之後，女兒的「恩客」突然漸少，許多老主顧都不願再去找她，私娼寮的老鴇竟也不像過去那麼嚴苛對付她，管理愈來愈鬆，最後終於逃了出來，因此，每年大甲媽祖出巡，巴先生都要帶著歷劫歸來的女兒徒步進香還願。

此外，形形色色的善男信女中，有爲求父親早日脫離病魔纏身，有求子女平安長大，有的甚至爲求降生一男半女，或者是只爲看熱鬧而來的……不管懷著什麼心情，在八天七夜的行程中，每天凌晨都得在媽祖起駕的哨角長鳴聲中出發，一直要到入夜才能休息，睡覺的時間不到三、五個鐘頭，沿途遇可休息之處，不管是屋角騎樓、曠野涼亭，只要可以躺下來，許多人便呼呼大睡，這景觀，想必也是一般都市人不易見到的。

●台灣媽祖之「最」

不管你信不信媽祖，無論傳說可不可靠，每年新年之後，一直到三月廿三日，都是迎媽祖的旺季，各式各樣的進香活動中，規模最大、最具傳統精神的，自然非大甲進香團莫屬，而香客最多的，當屬北港媽祖廟，此外，還有許多媽祖之「最」，也許你並不清楚：

先說歷史和規模：台地最早的媽祖廟爲澎湖天后宮，建於明萬曆卅二（西元一六〇四）年，距今已近四百年歷史。台灣規模最大的媽祖廟是台南安南區土城「正統鹿耳門聖母廟」，佔地達十五公頃。

唯一清皇勅建的媽祖廟係鹿港新祖宮，緣於林爽文兵變，清廷降旨令福康安爲大將軍，率軍十萬，乘數百艘戰船赴台，却在途中遇颶風，福康安避回湄州嶼，祈媽祖保佑，亂事平定後，福康安有感媽祖庇佑，特修奏摺，呈清廷撥賜國帑一萬一千餘元，修建鹿港新祖宮，於乾隆五十三年六月完工。

媽祖廟最多的縣市是台南市，共有金安宮、天后宮、溫陵宮、海安宮、天女祖宮、開基天后宮、文元堂、銀同祖廟、大天后宮、鎮安宮、萬安宮、和正統鹿耳門聖母廟、

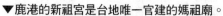

▲澎湖天后宮是台地歷史最悠久的媽祖廟。

▼鹿港的新祖宮是台地唯一官建的媽祖廟。

安南區天后宮、開台天后宮等十五座。

媽祖的名稱也有許多種，自湄州嶼分香的稱「湄州媽」，來自同安縣的稱「銀同媽」，泉州來的稱「溫靈媽」，又因寺廟分香、刈香及種種因素，分鎮殿媽、媽祖、二媽、副二媽、三媽、副三媽、四媽、五媽、六媽、榕郊媽等不同稱呼，另有廟宇自稱的「正統」、「眞正」、「開基」、「開台」，都不計其數。

台灣地區媽祖的祭日一般以農曆三月廿三日爲主日，但也有特殊的「鬧熱日」，大甲媽祖和白沙屯媽祖進香大都於三月初，確實日期在每年元宵節擲筊請示媽祖決定，台南大天后宮的媽祖出巡例祭日在三月二十及廿一日，著名的北港媽祖出巡，則在三月十九、二十兩天，至於媽祖香期最熱鬧的時間，都在三月廿三日前一個星期左右，這期間，稍具規模的媽祖廟，總是人山人海，熱鬧無比。

——原載一九八七年四月三十日《翡翠》雙週刊156期

▲台南大天后宮，原爲明寧靖王的王府。

敬聖蹟，重文化

——從「敬惜字紙」的美德到惜字亭

傳統國人的心目中，紙和文字不僅是文明的象徵，更是聖哲遺教的傳承者，加上「造字不易」的印象以及封建社會科舉制度造成「萬般皆下品，唯有讀書高」等等觀念的影響，因而乃有「敬惜字紙」的傳統習俗。

●聖蹟文化的緣起

傳統舊習中的「敬惜字紙」，源於先民們對「字」的敬重，只要是寫上文字的紙，便不能任意丟棄踐踏，即使是廢紙也必須集中起來，送到專門焚燒字紙的「惜字亭」焚燬，讓那些文字「過化成神」，飛升回到天上。清季時，各地都有僱請專人收集字紙的風俗，林豪修《澎湖廳志》謂：「士民最敬聖蹟，鳩貲合僱數人，每月赴各鄉拾取字紙，積貯書院中，每歲送之清流，沿爲成例……同治十一年，紳士許樹基、陳維新、蔡玉成、陳雁標、林瓊樹等議，於送字紙時，士子衣冠，齊集書院，以鼓吹儀仗，奉製字倉聖牌位，迎至媽宮，及送畢，乃返駕於書院。各澳輪年董理，於是四標弁丁及郊商民亦各備鼓吹，共襄勝舉焉。」此外，《安平縣雜記》也有類似的記載：「迎送聖蹟，名曰『送字紙』。十二年一次，郡城內外紳士商民，演樂迎送，將積年所拾之字紙燒灰，一概箱貯，護送出海，付水漂流，甚爲敬意。」

無論每年都要送一次字紙，或者是十二年才送一次，「紳士商民，演樂迎送」的景況，都說明了早期人民對這個風俗的重視；傳統社會中還有專爲字紙組成的公共團體，名叫「惜字會」，主要的職責便是僱請專門的人員，在市街坊里間收集字紙。台灣傳統社會中，有上九流與下九流之分，先民們把理髮師、演員、僕婢等視爲下九流，卻未包括拾字紙的人，顯見社會上並未把拾字紙視爲賤業。

收字紙是一種相當普遍且一直爲人們所重視的風俗，專爲焚燒字紙而建的惜字亭也相當多，這些惜字亭除出現在街頭坊里，各地的書院、文廟或較重要的廟宇中也常可見到它的踪跡，只是型式、規模和名稱卻不盡相同，有的高及數丈，有的高不及五尺，有的名叫聖蹟亭，也有的叫敬聖亭或文筆亭……這些專爲焚燒字紙而建的亭子，大都祀有倉頡先師或制字先師的神位，主因傳說中的倉頡，是中文字的創造者，惜字之餘自然要敬聖。

晚近百年來，現代印刷術的發明，文字成為社會中舉目可見的東西，加上西風東漸以及社會型態的改變，舊時僱工收字紙的情形早已不復見，自願收字紙的故事也漸成遙遠的傳說；至今僅在屏東縣萬巒鄉，還有一位林定祥老先生，每逢初一、十五，挑着上書「敬惜字紙」、「尊古聖賢」的竹簍子，在萬巒街上挨家挨戶收字紙，收滿一擔後，便挑到洗布块土地公廟旁的聖蹟亭，焚燒之前，還先將附近環境打掃乾淨，並持香膜拜，字紙焚燒完，並點香燒金，祭告制字先師，充份顯露出對倉頡先師以及儒家教化的敬畏之意。

●台灣惜字亭風貌

社會的轉型，使得收字紙的舊習日漸式微，同樣的，也使得舊時遺留下來的聖蹟亭失去作用而被拆毀，現今所存的聖蹟亭，大約僅剩二十座左右，其中規模最大、造型最美的首推桃園龍潭鄉烏樹林的聖蹟亭，這座創建於清光緒元年（西元一八七五年）的聖蹟亭。創建之初，主因：「……龍潭等處，蔀屋鱗居，人文鵲起，父兄重根本之學，子弟多彬雅之風，同善既錄敬字之文，師長亦嚴惜字之訓……」（〈聖蹟亭碑〉），這座聖蹟亭曾在清光緒十九年以及日大正十四年（西元一九二五年）重修過，亭分三層，中間為放置字紙燃燒之處，背後嵌有八卦圖型，底座及上層，都有麒麟、劍獅以及鳳凰等圖

▲敬惜字紙的舊習，一直是客家人特有的美德。

案，惜字亭的四周有矮磚砌成的欄杆，門口由一對小石獅把守，亭前還有一個石香爐，供民衆焚香膜拜。

龍潭的惜字亭，除了古色古香的亭子，四周寬闊的空地以及扶疏的花木，使得這座已被列爲古蹟的惜字亭，無論是格局與規模，都被譽爲台灣首屈一指的聖蹟亭；另外，桃園大溪的蓮座山觀音寺旁，也有一座坐落於綠蔭之間的聖蹟亭，這座名叫「敬聖亭」的惜字亭，亭本身稍小於龍潭的聖蹟亭，亭身除了有喜慶福壽的裝飾圖案外，亭口還新砌了座供桌，以便到觀音寺的善男信女們上香。

蓮座山觀音寺的敬聖亭，雖然規模、造型稍遜於龍潭的聖蹟亭，但因坐於綠樹之間，與龍潭的空曠大異其趣，加上綠樹濃蔭，使得敬聖亭受日照的機會大減，亭身四周都長了許多綠苔，更顯得古意盎然。

高雄縣美濃鎮往旗山的道路旁，也有一座規模與前兩座相仿的聖蹟亭，這座完全以磚砌成的惜字亭，爲六角型的建築，造型較爲簡單，裝飾也較少，亭前原設有制字先師倉頡的香位，說明倉頡公跟惜字亭間親密的關係，然而這文明之神的牌位，卻在九〇年代初失踪了，據說是被幾個頑皮的小學生搬走的……。同屬六堆客家地區的屏東縣竹田鄉南勢村，也有一座磚造的六角型惜字亭，亭高同爲三層式，底座與中層和一般惜字亭毫無分別，頂層卻是磨石子的表牆，前有一小門，門額上橫書「文筆亭」三字，門內供

▲龍潭的惜字亭，爲全台規模最大者。

▶大溪觀音亭的惜字亭，沾寺廟之光，時有人祭拜。

奉有文昌君神像，門前還有一對小龍柱，彷佛一座小廟的格局，每天晨昏，當地的婦女還會自動到亭前上香灑掃，顯示崇古敬聖的遺風在這個時代仍未完全絕跡。

六堆客家地區還有另一座頗著名的惜字亭，爲屏東縣佳冬鄉蕭宅左側的聖蹟亭，這座底座及中層都爲六角型，頂層爲四角型，造型較複雜的惜字亭，因處於鬧街中，每天早上附近成爲菜市場，小販們在亭前賣魚販肉，使得這座亭子許久以來便失去香火，更因乏人整理，而顯得殘破不堪。

被譽爲台灣紫禁城的彰化鹿港龍山寺，也有一座規模較小、二層式四方型的惜字亭，這座亭子位於金爐附近，因而常被香客們誤爲金爐焚燒金紙，鹿港龍山寺改建後，惜字亭也翻修一新，並在旁立牌說明，信徒們才較了解惜字亭的意義與功能，不在亭中焚燒金紙。

除了上述具代表性或較特殊的惜字亭，台灣現存的惜字亭還有：南投鹿谷鄉的新寮路旁，有一座兩層式的石製惜字亭；新竹芎林文昌祠，桃園中壢的新街國小靠縱貫路邊，台中東勢文昌廟、美濃水德星君祠、埔里醒雲寺、北埔灶君堂，台北縣樹林鎮，以及屏東滿州鄉等地，也都有規模不一、型式各異的敬聖亭，這些傳統社會留存下來的遺

▲佳冬蕭宅的惜字亭。

跡，雖然在現代社會中，日漸爲人們所忽視，但舊時敬重文化、尊崇聖賢的精神，卻是世世代代該傳承下去的！

——原載一九八九年四月號《華航雜誌》（英文刊出）

——一九八九年二月十三日《民衆日報》文化版（中文刊出）

心安理得進香去！

——從進香活動的演進談其社會功能

過完農曆年，隨着春天的脚步來臨，正是農家忙着春耕的時分，鄉林田野間四處可看到農人們忙着播種、插秧，爲一年的豐收奠下紮根的工作。

●春天最好進香天

春天是春耕的季節，更是幾百年來，台灣人朝山進香的「香汎期」。清光緒二十一（西元一八九五）年修纂的《安平縣雜記》載：「三月，北港進香，市街里保民沿途往來數萬人，日夜絡繹不絕，各持一小旗，掛一小燈……」連雅堂修《台灣通史》也載：「……天后誕辰，南北鄉人多赴北港晋香，粵莊尤盛。自春初至月杪，旗影鸞聲，相續於道，晋香之人，盗不敢劫，劫之恐神譴之。」顯示自清以降，台灣人民對「進香」的重視以及熱絡盛況，甚至直到今天，並沒有因官方三番兩次魯莽的「破除迷信」之學而稍減或歇止。

台地進香活動的起源，雖然沒有明確的記錄，不過顯然源自於中國。三百年前，先祖們爲了躲避天災或者兵荒，從中國沿海各地歷經千辛萬苦，渡過黑水溝來到這個孤島，面對着羣山峻嶺，一刀一鋤的闢地墾荒、披荊斬棘，唯一的心靈寄託只有從故鄉帶來的神明，等到稍有成績，自然想回到故鄉進香，一方面感謝神明的保佑，也可順便探視故土人情。稍晚，移民來台的人口愈衆，拓墾的面積日益增加，新到他處墾荒的人們都會自舊廟分香，到墾拓處另立新廟祭祀，這些分香的神明，每逢誕辰日都要回祖廟進香謁祖，以祈神光照耀，顯示台灣人愼終追遠的精神。

清代之前的台灣社會，交通並不發達，交通工具以牛車及人力車爲主，且只適合在較平坦的地方通行，進香活動往往需要攀山越嶺、涉水渡河，進香隊伍幾乎都是靠兩條腿做爲交通工具，近程者十數里，遠程者甚至達數百里遠，一路男女老少，攜家扶幼，手持着香火，口中喃喃唸着神明名號，亦步亦趨地跟着神轎後面走完全程，雖然辛苦，誰都不會抱怨，「香脚」們都認爲，唯有如此才能得到神明的庇佑，所祈才會更順利、更豐收。此外，「進香之人，盜不敢劫」，更說明了連作奸犯科的盜匪，對神明同樣也懷有敬畏之心。

●往來不絕進香客

日人領台初期，對民間的廟會或進香，並不强加干預，直到太平洋戰爭爆發，戰禍連年，物資匱乏，進香的盛況才稍減。戰後不到幾年，進香活動又恢復擧行，且隨着社會的繁榮，一年比一年盛大，除農曆七月少有人進香外，其他的十一個月份，都可見到南來北往的進香團體。

從最初「沿途往來數萬人，日夜絡繹不絕」，到現今隨時着隨地可見到的進香客，在時間及空間的更迭下，顯然有不少改變，這些改變包括：交通工具、信仰心理與進香目的等。

先說交通工具：目前的進香活動中，最主要的交通工具以遊覽車爲主，就連著名的大甲媽祖進香，其中有三分之二以上的香客也搭乘遊覽車，徒步的「香脚」只佔少數，這種改變顯因社會的進步所致。

進香活動由徒步演進爲搭乘汽車，除因交通工具的便捷，香客信仰心理的轉變也是一大主因，過去信徒們肯花費三、五天甚至半個月的時間，靠著兩條腿走去進香，顯示封閉的社會中，神明是人們信仰的主宰，更是精神的唯一寄託，再者農業型態的社會，大可利用農閒期到他地進香，工商業社會中的現代人，每天都得固定上下班，要抽出長時間從事進香活動，較不容易也不願意，爲了避開工作的衝突，利用假日搭乘汽車進香，自然成了多數人唯一的選擇。此外，社會的進步，同樣也帶給人們知識領域的開拓，過去神明主宰一切的觀念已薄弱許多，尤其是新一代的智識份子，對神明許多人只懷著「寧可信其有，不願信其無」的心理罷了，對他們來說，進不進香，並沒有太大的意義。

至於進香的目的，得從進香團體的組成談起。一般說來，目前進香團的組成方式有二：一是由寺廟團體組成，進香團成員大都爲該廟信徒，進香的目標固定，且可能每年都按時舉行。二是由地方村里長或遊覽公司招募成團的，進香團組成份子複雜，進香的目標廣泛，或者專程赴某一神廟，十八王公廟興起之初，台北市曾有不少遊覽公司以企業經營的型態，每天設固定班車，公開招募香客進香；也有以遊覽各地風景名勝爲主，沿途見廟就順便進香的進香遊旅團。

儘管現代人在時間、經濟的限制，以及信仰程度與進香目的複雜化種種條件的影響，傳統的進香朝聖起了外在及本質的變化，無論進香的精神或朝山的意義都不若以往那麼莊重，且含有相當高的休閒、娛樂成份（各寺廟競相興築的花園亭台、假山假水以至於迎神隊伍中經常出現電子花車等，都是爲了滿足香客的娛樂需要而設的。）進香活動却一年比一年盛大，且各地競相行之，顯然這活動在現代社會中仍有其必然的意義。

▲人們對神明的信仰，往往表現得五體投地。

●進香的現代意義

著名的人類學家李亦園教授，曾就本土的進香行爲與西方的朝聖儀式做比較，認爲進香的過程中，至少含有贖罪與還願兩層意義在內，「此外，由於進香活動本身即是個有機體，故可探究進香與社會組織、地域發展的互動關係，以及在進香過程中，人與人、人與神及神與神之間的溝通交流，乃至於香客在投入進香過程中的『交融』及『超越』的狀態，所蘊含的象徵意義。」

台大社會系教授蕭新煌認爲：「進香活動之所以能從農業社會一直延續到工商業社會，而且有些進香活動甚至變成相當企業化，顯然是由於社會突然的快速轉變，使得宗教行爲在一時之間無法適應新的社會型態，又無法切斷舊的型態，於是呈現出目前這種狀態所致，而人們完全割捨傳統的儀式，顯示了人們的『不確定感』。換句話說，人們雖然生活在日漸繁華的社會中，但對外來的危機，諸如天災、人禍等隨時會發生的事端仍懷有恐懼感，於是大多數的人對於宗教信仰都還『寧可信其有』，至少顯示人們對於神明仍有基本程度的敬畏，只要不妨害到社會大衆，進香活動的存在仍有其正面的意義與功能。」

美國的宗教學者艾文·亞當斯（Evsn M. Adams）教授曾說：「宗教興盛是社會繁

▲任何民間信仰，必有其正面的意義。

榮的表徵，人民生活必定富足。宗敎與，不只可解決許多社會問題，同時還可建立社會秩序的完整性。」上述諸多的意見，印證在早期律法不彰的社會，最爲明顯不過了。事實上，傳統社會的約束力，只有少數是來自官府明訂的法律，其餘全部都靠人們對自然神靈的信仰所繁衍的「天譴」或「神譴」觀念，這才眞正是社會道德維繫的最大支柱。

當然，今天的社會，神明的約束力隨著社會的繁榮與知識領域的豐富日漸縮小，但只要是虔誠的信徒，必然仍毫無異議地接受其約束，而信仰的具體行爲——進香，更含有追隨、歸附神明的意義，虔誠進香的香客應該不會做出越逾社會道德的勾當，以這個觀點來看，進香行爲雖不斷改變，基本的精神與功能却不是什麼人可任意抹煞的！

——原載一九八六年三月十五日《自立晚報》民俗月報

神將暗訪尋平安

——「暗訪」的特色與意義

四〇年代中期，台灣二二八事件的發生，使得台灣人對「祖國」的夢想幻滅，原本相抗於日人的「台灣意識」再次迅速凝結，當局為了壓抑這股反抗力量，對台灣意識多方牽制，最明顯的乃是限制宗教信仰的發展，為達目的，不僅制定諸多限制條款，更從學校及社會教育中，徹底將本土宗教信仰「迷信化」，半個世紀以來，當局的這套政策顯然相當的成功，對於多數戰後新生的一代而言，民間信仰和迷信幾為同義詞，便是切確的證據。

●求贖罪，獲新生

誠然，台灣的民間信仰，多少含有一點迷信的成分，甚至還有人過度迷信招惹來災禍，但信仰並不只是迷信而已，還含有更廣、更深厚的意義：一是祈安植福，慰安民心，獲得精神支援；二為企求贖罪，擺脫陰影，走上光明大道。

每逢歲時節慶、迎神賽會，甚至是一年四時，許多民衆都會到廟裡燒香，祈求平安、健康、賺大錢……藉以獲得精神上的支持；現代社會中，儘管許多人只是「寧可信其有，不願信其無」的態度，却仍願意虔誠請求，顯然不很在乎實質的獲得，只爲了求取一份心安罷了。人們對神明信仰的另一個理由是贖罪，所謂「罪」，並非眞正的作姦犯科，人們對於日常行事而生的不安，都可能是「罪」，例如：婦女生了一個畸型兒，甚至是久病不癒，傳統的觀念中，都認爲是因「罪」而生的懲罰，如果不是今生犯的錯，也是前世鑄成的孽，他們最能夠傾訴心結以減輕負擔的對象，往往是靜默的神明，人們也都相信神明的神力，可以幫助自己懺悔，獲得諒解，進而引導走上光明之路。

台灣的民間信仰中，向神懺悔以期贖罪的辦法有三：一是向神許願，在限期內做幾件善事；二在神明祭典期間，自願戴枷、披髮、烏衣、打赤脚、拿著掃帚在神轎前掃路；三是在神明出巡或暗訪時，自願擔任轎伕、使役、家將，或爲神明挑馬草，表示自願爲僕，接受任何差遣。

上述的贖罪行爲，大都出現在王爺、城隍爺之類具有司法神色彩的迎神賽會中，台北市的兩大迎神賽會——霞海城隍祭與青山王祭的暗訪活動，更是北台灣許多善信贖罪解冤的最好機會。

▲自充家將，以示救贖自己的罪過。

●充部將，暗夜訪

每年農曆五月十三日大稻埕霞海城隍祭和十月廿二日萬華迎青山王，例行都要於兩天前「暗訪」；「暗訪」乃是神明在夜間出巡，以探究人間的善惡是非。傳統社會的觀念認爲，人們在光天化日之下，不大敢做出什麼傷天害理的事，到了晚上，私慾開始浮動，在黑夜的掩護下，許多不應該做的事都做得出來，神將們利用黑夜出來查訪，才能眞正探知人們的本性。早期的「暗訪」，大都「由香客扮飾劍童、印童、文判、武判、牛、馬、山、金、謝、范六將軍開道。停鑼息鼓，默默前進。」（王國璠《台北市歲時紀》）

無論是文判、武判，還是牛頭、馬面、家將、判官個個都面目猙獰，或者口吐長舌，或者滿臉漆黑，或者戴著牛頭、馬面，或者手拿鐵索、利斧……模樣相當嚇人，他們出巡的用意正在：「爲人果有良心，初一、十五何用你燒香點燭；作事若昧天理，半夜三更更須防我鐵鍊鋼叉」。

太平洋戰後，隨著社會的繁榮與虛浮化，「暗訪」有了不少改變，到八〇年代中期大稻埕霞海城隍祭前的暗訪隊伍，率隊前導的是虎爺，接著是引路童子，然後是三個家將團以及七爺、八爺，後面還有將近十個北管子弟團沿途吹奏樂曲，最後則是爐主及頭

▲台北的暗訪，以霞海城隍爺和青山王最著名。

家轎等。一路前進都是鑼鼓喧天，遇設有香案祭品的人家，虎爺及家將團還得依序向他們回禮，並且依法排開陣式，掃除妖孽鬼怪。

民間一直深信家將團或七爺、八爺，都是專司驅鬼平妖、除奸去惡之職，賞罰分明，爲禍者必定逃不過刑罰，爲善者必得賞賜，這些說法在現代社會中，雖愈來愈不易被新生一代接受，但每年的「暗訪」，仍有那麼多人自動去擔任家將，所經街市的商家也紛紛擺設香案祭拜，顯見「暗訪」阻止犯罪、勸人向善的深厚意義，仍獲得不少居民的認同與支持。

●興宗教，凝情感

連雅堂修《台灣通史》謂：「宗教之興，其來久矣；然而儒者之言天，必指之以人，故曰：天視自我民視，天聽自我民聽。又曰：天討有罪，天秩有禮。跡其所以治國定民者，莫不代天爲之……其用以範圍一世之人心者，不得不藉之宗教，神道然，佛老然，景回二教亦無不然，顧善用之，足以助羣德之進，不善用之，反足以推其沈溺，而奸詭邪僻生焉。」說明宗教信仰的好壞，完全在於人們如何對待它。

「迎暗訪」在現代的社會中，也許只是一種熱鬧罷了，但在律法不彰的時代，幾乎可算是民間仲裁犯罪者的最基本法則。再說，今天它雖被視爲迷信，却仍具有淬煉羣體精神的功能，因而，今天政府或民間該做的，不應是一味的「破除迷信」，而是在通俗的民間信仰中，找出最能符合現代精神及現代意義的一面，加以輔導提昇，進而成爲現代疏離社會中，親密人際情感的原動力。

——原載一九八六年七月十六日《自立晚報》民俗月報

陰森好嚇人
——從城隍傳說談宗教的社會功能

●各地城隍，不同階級

小時候，每逢元宵節，家鄉的人總會成羣結隊地到新竹城隍廟去看花燈，並把它當成一件大事，四處宣說；平常的日子，到城隍廟「吃燒吃冷」也是鄉民們最大的享受。十六歲之前，家人卻不允許我去見城隍，原因是怕七爺八爺嚇著小孩，直到唸完國中，才有機會一睹城隍廟的風采以及嚐到廟前的貢丸、肉丸和各種冰菓的風味。

也許就因爲小時候特殊的經驗，對城隍一直抱著又敬又畏的態度。這幾年來，因工作的需要，有許多機會參與迎神賽會，接觸到無數民俗人物，發覺善男信女可能對觀音或媽祖產生依賴，能全然地投入情感；對王爺也只有恭敬；只有對城隍爺，卻只是些又敬又畏的情懷。這種情懷，顯然跟城隍所司的職務有最大的關係。

城隍最早是屬於自然崇拜的神，早期人們認爲能夠安居樂業，除了上天的賜予，城郭與隍濠的保護功勞也不可磨滅。人們遂開始祭拜城郭與隍濠。《禮記》〈禮運篇〉載：「天子大蜡八，水庸居七」，意指天子每年歲末所舉行的祭神大典（大蜡）共有八種，祭城隍（水庸）也是其中重要的項目。可見祭城與隍的習俗，早在春秋戰國之前便存在；《北齊書》也記載有慕容儼祭城隍的事，唐代則有張九齡祭城隍。不過在這時期，祭拜的仍是自然之神，直到五代南唐的愍帝，清泰年間封城隍爲王爺，從此以後，城隍正式被稱爲「城隍爺」，也才開始塑有神像。

明代的城隍爺，由於皇家大肆勅封，城隍廟漸漸成爲一般民俗信仰的主神。當時政府規定每個郡縣都必須供奉城隍爺，且把首都的城隍勅封爲「威靈公」，州域的封爲侯爵，尊稱爲「綏靖侯」，縣府的城隍則封伯爵，稱「顯佑伯」。廟的名稱也有特別的規定，管轄縣府的稱爲「縣城隍」，管轄全州的爲「州城隍」，全府的叫「府城隍」，管轄省治的則爲「都城隍」，首都的城隍廟稱「天下都城隍」，更把城隍廟改成了官衙式建築。清代後，更列爲正式祭典，由政府命官主祭，儀式及排場像極了陽間的官衙。

台地的城隍廟約有五、六十所，最早的是明鄭時代建立的台南府城隍廟。當時台南是全台政治、經濟、文化的中心，台南市的城隍廟乃稱「府城隍爺」，其他的全爲低級的「縣城隍爺」。但若論名氣及信徒，台北市迪化街的霞海城隍和新竹、鳳山城隍遙遙領先，新竹的城隍爺因有清皇太子因貪玩漂流到海上，後流落新竹外海，蒙城隍爺搭救的傳說，被勅封為「威靈公新竹都城隍」，遂成台地神格最高的城隍爺。

善男信女們都相信，城隍爺是「陰官」，不僅管轄陰間的事務，對陽世人的是非善惡也記錄得一清二楚，人死後是禍是福，都由城隍爺提報。前清及日領時代，流傳過許多縣太爺問不出案情，把當事人帶到城隍廟便可水落石出的傳說；或說作奸犯科的人，因緣與城隍爺碰見，乃跪在城隍爺前懺悔改過自新的情事。這些傳說，也許不足採信，但若仔細探究，早期的城隍會具有這些「神威」，除城隍本身的傳說與信仰，城隍廟的衆多部將也佔了許多「功勞」。

●諸多部將，各有所司

城隍爺最著名的部將莫過於謝將軍和范將軍。謝將軍名叫謝必安，也稱為「七爺」，特徵是身高超過一般人的兩倍，身體瘦長，白臉白袍；范將軍人稱范無救，一般人稱祂「八爺」，黑臉、身材矮胖。他們的任務是押解犯人到庭前讓城隍爺問案，作奸犯科之人自然敬而遠之。相傳早期的新竹城隍廟，供奉范、謝二將軍的地方，還設有機關，若不小心踩到軍爺前的踏板，兩位將軍還會抖動身體大顯「神威」；這樣的設計，無非是希望增添幾分陰森駭人的氣氛吧？

▲城隍爺麾下的家將，都爲緝拿惡人而設。
▶七爺八爺是城隍麾下最重要的部將。

除了范、謝二將軍，還有文判官幫忙城隍爺「調查」人民的品德與善惡；武判官則待定罪之後，負責執行犯人應有的處罰。牛將軍和馬將軍則是向閻羅王借來的，兩人的任務當然也是懲處壞人。

圍繞在城隍爺身邊，唯一不管人世間善惡，只負責保護城隍爺的是三十六關將。有些規模完整的城隍廟，側殿配有六部司，分別是延壽、速報、糾察、獎善、罰惡、增祿等，每司各有職掌，協助城隍爺處理事務。

城隍爺既然是主宰人間善惡禍福的神，本身必得有才有德才行。因而許多人深信凡是忠良、孝悌、有德之人或是生前有學問及敎養，且從來不爲惡的人，死後都有可能被任命爲城隍爺。另外還有一種說法是，被水淹死的人，得拖另一個人下手，才能輪廻到陽世重新爲人，但若不肯禍害別人，默默忍三年以上的苦，就可以憑功德被任命爲城隍爺……。

談到這裡，不難發覺城隍爺是一相當俗世的神，儘管城隍的信仰比其他神更爲迷信，但迷信中卻都具有警世的作用；雖然這在現代社會中發揮的作用極微，但在舊時，卻潛移默化地改變了許多人，對於社會道德、秩序的維護，更具有一定的作用和意義，值得現代人重新思考。

——原載一九八五年七月《民俗曲藝》36期

爲錢走天涯

——「大班乞丐」現象與丐幫祭祖活動

●大班乞丐結隊來

小時候，每逢過年過節，尤其是新年、元宵或年底演平安戲的幾個大日子，都會有些手持榕枝，上掛金錢的乞丐，挨家挨戶唸四句聯，等待主人的賞賜，祖母稱他們做：大班乞丐，還囑咐孩子們不能得罪那些人，否則他們唸的吉祥話馬上換成了詛咒話，將會招致不祥。

年紀稍長後，離開了故鄉的風土民情，年節返鄉，都沒再見過類似的「大班乞丐」，漸漸地，對他們的印象愈來愈淡，直到退伍那年，義民廟的大普渡中，重見挨家挨戶彈三弦，說吉祥話的夫妻檔乞丐。

後來，東奔西跑的報導工作，讓我有機會接觸更多的民間廟會慶典、迎神賽會，遇到的「大班乞丐」竟愈來愈多，甚至多到「結隊而來」的地步，委實令人不敢相信。

所謂「大班乞丐」，日領之前或稱作「有藝乞丐」，他們求乞之前，都會表演一項技藝，以換取賞金，表演的種類，則有：打響鼓、抽籤卜吉凶、搖搖錢樹（手執榕枝邊抖邊搖）、跳寶、弄鐵環、擋胸、破頭以及打七響……等，或以民俗技藝取勝，或以苦肉計討賞，甚至使弄鐵環之類的小伎倆，都能博得人們的讚許與賞賜。

傳統社會的技藝乞丐，也可算是一種挨家挨戶賣藝以維生的賣藝人，傳統社會的「上、下九流」階級，並沒有把乞丐列入遭人卑視的下九流，再者，台灣的地方傳說中，有不少是神仙化身乞丐，試探人們的敦厚或刻薄，多少也讓某些人懷著幻想，因此面對乞丐，總願意施捨少許金錢，乞丐們討賞的態度，也都比較謙卑，像是個乞丐的樣子，偶而遇到不肯賞錢的主人，只有摸摸鼻子，自認時運不好。

戰後的台灣，社會的長足進步帶動了經濟的繁榮，國民所得大幅提昇，雖然貧富的差距並沒有完全消除，但大體而言，在這個社會，只要肯付出努力，必定有一碗飯吃，乞丐應當逐年減少、消失才是，事實却恰恰相反，乞丐的數量却因人們的日漸富裕而大幅增加。

八〇年代中期以前，大班乞丐是最典型逐廟會而生的一羣人，他們憑著長年的「田野調查」，最爲清楚各地迎神賽會的節令與地點，也許今天在桃園，明天便到了台東；

他們默默地跟在迎神隊伍之後，以身上掛的獅頭迎舞一番，並用祝福吉祥的話語換取主人的賞賜；如此一天竟也有幾千塊的所得，實爲高所得的行業，有些人看在「錢」的份上，竟願放下原有的工作，加入乞丐這一業，跟著迎神賽會討起生活來了。

台灣俗諺說：「乞丐做三工，田園放乎空」，意指只要當過三天乞丐，肥沃的良田都可棄之任其荒廢，逐廟會維生的乞丐，每天至少有數千元至數萬元的收入；誘惑力是相當大的，「大班乞丐」的數目乃大幅增加，至八〇年代末期，一個小小的角頭廟會都會招引二、三十個乞丐，大規模的迎神賽會，如大甲媽祖以及南部的王爺香期，丐幫弟兄更多達四、五十人，他們不願像過去一樣跟在神轎後分一點神明的餘澤，而是搶在迎神隊伍之前，成羣結隊如蝗蟲過境般的要錢，且不只「不給錢不走」，甚至還惡言相向，怒目以對主人呢！

●仙祖寮與丐幫頭子

乞丐源自何時，在正史中很難找到確切的答案，民間流傳的演義故事，奇俠小說中，却常有「丐俠」、「丐幫」的出現，而且往往號稱「中原第一大幫」的丐幫，是「武林」中組織最嚴密、分佈最寬闊的一幫，這些不可貌相之的奇俠們，肩負痲袋，手持打狗棒，行走大江南北，無往不利。

姑不論這些「高來高去」的英雄是否存在，台灣還曾有過不少丐幫的存在，台灣丐幫都以乞丐寮爲單位，最高權利者稱作「乞食頭」，主要的職責乃監督乞丐的一切行爲、約束乞丐們的生活秩序等，吳瀛濤撰《台灣民俗》載：「這丐首不一定是乞丐出身，多是普通人去幹的，也有當做主業也有做爲副業的，有時甚至至官衙發給許可證，委以取締某一地方的乞丐，可知其權限之大。丐首通常除擁有乞食寮之外，因其經常收入相當可觀，故不乏擁有家財妻妾，或放重利盤剝……」

丐幫「幫主」的可觀收入，除每個月向乞丐們課的「稅」，更向商家收「保護費」、養豬哥給衆丐們牽以營生、排路祭賺取喪家加重回禮，普度時，事主要供拜一桌太師桌，衆丐挨家挨戶乞討……等，因而日領時代，台北一地便出現過幾位鉅富的「乞食頭」，艋舺頂寮的黃俊，財產多得可放高利貸，另有經商者，娶三妻四妾者多得不勝枚舉；同在那個時代，卻也現了爲乞丐奉獻一生的施乾、施照子夫婦，他們都受過高等教育，不忍那些徘徊街頭、餐風露宿的乞丐無依無歸，拋棄原有的工作，毅然創辦「愛愛寮」，照顧乞丐生活，並施藥治病，教導謀生技術，終而被譽爲台灣乞丐之父、之母。

「乞丐寮」的分佈，可謂遍佈全台，其中最著名的有台北的「頂寮」、「下寮」、大龍峒的「宮後寮」、三重的「豬母寮」、台南的「鄭仔寮」與學甲的「後社寮」、基

▲如今迎神賽會中常可見到強伸手要錢的大班乞丐。

隆的「指玄寮」、台中神岡的「八仙寮」……等處，都是清代至日領時期乞丐們的根據地，寮中也都奉有祖師爺，以供日夜膜拜，祈求行丐順利。

丐幫弟兄的祖師爺，有相當多位：李鐵拐、鄭元和、呂蒙正、石平貴、李宸妃……都分別在各地被敬奉爲祖師。李鐵拐是神話中「行丐四方，擲杖成龍」的人物，又爲八仙之一，被敬奉爲祖師爺，比較想當然耳；鄭元和則源自於「李亞仙花酒曲江池」，呂蒙正與石平貴（或薛平貴，兩者爲同一人，因閩南語音接近之誤），都是民間戲曲中重要的人物，前者出自「呂蒙正白兔記」，後者則出現在「石平貴回窰」；李宸妃爲宋仁宗生母，因被人「狸猫換太子」而逐出宮……，這些傳奇故事的內容大不相同，卻因主角們都曾落魄失意當過乞丐，後來發憤圖强，終於高中狀元或重回宮廷，甚至在兩國爲王，這所有幾近奇蹟的傳說，成了那幫落難弟兄心中最大的夢想，在乞食寮中常可見如下的對聯：

兩鄉爲君石平貴，
天下主母李宸妃。
官居極品呂蒙正，
巍進三公鄭元和。
兩國封取薛平貴，

一品當朝鄭元和。

每一個乞丐寮，也都有正式的名稱，或稱作「仙祖寮」，或叫「天子門（文）生府」，前者因供奉祖師爺而稱之，後者因傳說中的鄭元和，死後被玉皇上帝封為「天子門（文）生」，做為乞丐寮之名，以提高其地位。

太平洋戰後，工商業的脚步快速而有力地强迫改革舊社會，乞食寮首當其衝，不到幾年間便紛紛瓦解，丐幫弟兄們或洗手改謀他途，或轉移陣地，自己乞生，一九八二年台灣規模最大的三重埔乞丐寮毀於一場大火後，乞丐雖處處可見，丐幫或者乞食寮大都已名存實亡了。

●平民化的祭祖活動

丐幫雖然不在了，乞丐寮也毀了，但仍留下少數的舊跡可尋，這些殘跡包括：基隆的指玄宮、台中神岡的八仙寺、大安鄉的聖仙宮與台南學甲後社的仙祖寮等地，每年農曆四月十一日（或四月十四日）為一年一度的祖師爺聖誕日，舊時乞丐寮都得舉行盛大祭祖活動以為慶祝。此外，傳統俗信中，體弱多病，難以扶育的孩子，若拜乞丐為義父，傳便可「頭殼硬，好腰飼」，每每丐幫的祭祖日，總有不少父母抱著孩子，這拜「契父」，並另取「乞仔」、「阿乞」之類的小名，主為厭勝之意。

這些殘存的「仙祖寮」，嚴格說來都轉換成常民的通俗信仰而存在，且藉地方人士的「出錢出力」，翻修得金碧輝煌，不知沿革者，根本想像不到原為乞食寮，學甲後社的仙祖寮是最後一棟改建的舊寮，一九八九年之前，仍為一棟矮平房，畏縮地立在野草蔓生的荒埔中。

學甲後社源始於清代末葉，時有一地方士紳，眼見乞丐們四處漂盪，無以委身，乃劃出現址前水墩後的土地，供他們結廬而居，丐幫兄弟們得知消息，紛紛遷入，不久後終於成一乞食寮，內設兩幫主，分別主管內務及外勤，誡律大體不脫以下幾項：一、丐幫不偷、不搶；二、嫖、賭不可露相；三、道友患難需無條件相助，違反上述規定者，經幫主裁示後，將被衆丐每人打一棍，再逐出幫裏，再也不得入幫。

日領時代，日人在原有的基礎上，擴整為貧病收容救濟院，相傳最盛時，人數多達兩百餘人，及至太平洋戰爭爆發後，後社的丐幫總部被改成野戰軍醫院，手腳健全的丐者都被逐走，丐幫才日益衰微，戰後野戰醫院撤除，原有的丐寮也毀於戰火，僅餘一座孤伶伶的矮房子供奉仙祖。

學甲後社的仙祖寮，至今仍供奉李鐵拐仙祖，門上的楹聯也都專為李仙祖而題，但先有日人逐走乞丐，後又丐寮被毀，加上社會結構的變遷，這個全台最能代表「丐幫文化」的營壘，也日益受到常民百姓文化的影響，仙祖壽誕，前往祭祀者雖有一、兩丐幫

▲建醮活動中常設有「狀元府」，以安置乞丐。

弟兄，但多爲附近的居民，早年乞丐收契子的習俗，也已不可見，甚至多數前往祭祀的左鄰右舍們，根本不曉得仙祖寮的來歷，只當做角頭廟祭祀之罷了。

值得順便一提的是，台灣南部盛行的藝陣中，有一名爲「天子文生」的陣頭，表演時以彈唱樂曲爲主，主要的樂器有三弦、月琴、響鼓……等，都是早期有藝乞丐用來表演討賞的工具，應可算是從有藝乞丐繁衍的陣頭，該陣頭的成員與負責人，却完全不懂「天子文生」代表何意，只視爲傳承的家業，這也算是一種「乞丐文化」平民化的表徵吧！

●乞丐、乞丐何處去？

儘管沒有正式的統計，現今台灣以乞丐爲業者，到底有多少人？每每在神明出巡時，看見那麼多成羣結隊的大班乞丐，建醮祭典時，更有專爲乞丐們設置、免費供應吃住的「狀元府」，府中總有許多手脚健全的中、壯年人混雜其中，白吃白喝，不設「狀元府」的廟會祭典，更是處處可見乞丐，不少智能不足或者手脚殘障的兒童，被人利用來乞討，這麼多年來，似乎也沒有誰眞正關心他們，設法解決這些問題。

當然，並不一定所謂「安和樂利」的社會，乞丐便得完全絕跡，事實上，無論多麼富裕的時代，都有無以維生的窮人待我們伸援手；只是，現今活躍在廟會、節慶中的多數乞丐，顯然不是無力謀生，而是貪圖豐裕的收入，如此的乞討行爲，不只暴露了他們「好逸惡勞」，更顯示社會過度的功利化，而生「笑貪不笑丐」的現象是社會的病態，更是一種危機，必須及早設法解決，否則，也許有一天我們將活在「富裕盈世，遍地乞丐」的社會呢！

——原載一九八七年七月十一日《自立晚報》副刊

藝閣陣頭臨末路？

——「電子琴花車」興起後的藝陣問題

一九八六年五月，許多報紙的社會版上出現一則相當特殊的電子琴花車新聞，大意說五月初，時任副總統的李登輝先生，在南部巡視的路上，親眼目睹喪葬隊伍中，電子琴花車女郎大脫跳衣舞的情景，終於相信了「民間傳言」非虛，色情侵入民俗活動實已相當嚴重。

同年四月間，台南學甲的保生大帝也按例舉行一年一度的上白礁祭典，這個以藝閣及陣頭聞名的廟會，該年雖然規模較小，全部只有六十餘隊。蜈蚣陣、龍陣、高蹺、鬥牛、採茶、駛旱船、太平歌、牛犂以及各式各樣的藝閣，至少超過五十隊，所有的藝陣間，沒有任何一輛電子琴花車或低俗的表演出現，同樣引起近萬名香客的好奇圍觀，使得活動無比熱鬧而莊重。

這兩個消息擺在一起，至少可以說明，電子琴花車不可能完全取代民間藝陣，同樣的，沒有電子琴花車的迎神賽會，也可以吸引人山人海的觀衆，問題只在於：我們如何去面對民間技藝，如何定位廟會的價值吧？

●全台僅見的藝陣大結合

每年參與上白醮大典的陣頭，種類大致包括：鼓花陣、車鼓陣、蜈蚣陣、獅陣、龍陣、採茶陣、牛犁陣、宋江陣、高蹺陣、駛旱陣、公揹婆、素蘭小姐陣、山地歌舞陣及其他零星的陣頭，這些陣頭中，雖然水準參差不齊，每個陣頭的表演都相當賣力，純粹以藝來博得觀衆的掌聲；藝閣也是上白礁的另一個重頭戲，大致的內容包括：東吳眞人點龍睛、哪吒鬧東海、麻姑獻壽、八仙過海、五虎平西、太子鬧東海、董漢尋母、封神榜楊貴妃、八美圖、姜子牙火燒琵琶精、七仙鶴、五虎大戰烏鳳仙、白鶴童子……等等，大都取材自民間傳說與神話故事，這些純粹出自民間藝人巧藝的藝閣，無論在服飾、裝扮都相當考究而用心，藝閣本身的裝飾，雖談不巧奪天工，至少也不流於俗艷，難怪引起民衆競睹。

學甲上白礁祭典，一直都能保持傳統的藝陣風貌，顯然跟學甲鎮是全台第一個（也是唯一的一個）拒絕電子花車「入境」的鄉鎮有重要關係，再者，寺廟主事者有正確觀念不肯爲了牽就觀衆的要求，用電子琴花車或者脫衣舞滿足人們的感官刺激，實居首功。

●藝陣的歷史與流變

陣頭和藝閣，自古以來便是台灣民間最重要的文化財，它們的來由各異，傳入的時間也不同，不過約在清代末葉，都已適應了水土，並且獨立發展得相當良好，這些藝陣除在迎神廟會的場合擔任慶祝或祭禮的角色，更是民間遊藝或是閒時娛樂的主要泉源，其間或者滲有迷信的成分，卻也表現出一個時代的民間技藝與文化水平，更是人民生活的具體表現，日領時代，日人雖處心積慮移植日本文化，但台灣人民仍堅持著本土的意識與觀念。以藝閣爲例，一九二三年，日本裕仁天皇遊台灣，迫台民以藝閣迎之，威逼利誘下，台胞只得照辦，藝閣的內容却完全取材自台灣史蹟，像「節婦訓子」、「東寧貢瓜」、「文山採茶」、「淑妃教織」……等，這得歸功於連雅堂的巧思（上述藝閣都是他設計的），最能說明台灣人內心深處的想望！

太平洋戰後，在「一切爲建設，一切爲繁榮」的政策下，人民辛勤的工作，終於漸漸地從貧困中走向豐裕之境，然而，却因過度迷信科技與經濟的繁榮，文化失去了灌溉，終而形成諸多問題；其中又以民俗文化的變質最爲嚴重。

台灣民俗文化的變質，一方面是當政者刻意的壓抑，無法正常發展，再者也因過度

▲優美的民間技藝，只要堅持，仍大有可爲。

▶學甲上白礁祭典，一直維持着傳統藝陣演出的優良傳統。

强調工商發展，文化失去了生存的空間，常民文化在受限制又被誤解的情況下，新生的智識分子寧願追求歐美風潮，不肯費時整理祖先們的遺產；中下階層的人士，別無選擇下，又缺乏文化心靈的培養與薰陶，只能浸淫在毫無精神的現代娛樂或感官享受上；空洞電視劇，博君一笑的電影以及大街小巷充塞的脫衣舞、指壓、油壓、色情理髮……都成了一般民衆樂於追求的低俗文化。

愈是工商業的社會，也許人們對於表象、無意義、缺乏精神的「速食文化」追求更爲殷切，即使文明如美國或歐陸國家，程度有過之而無不及，誠然，任何文明社會都無法避免這些現象，但在西方的世界中，只是一種配屬，人民仍有豐富的精神生活，有源自傳統文化的嘉年華會，有國家級的民俗博物館，有名揚世界的民俗文化村，處處都可感受到不同種族特有的民俗風情，但在今天的台灣，要找尋能夠代表本土文化的東西，委實相當困難了；不過，幸好還沒到絕望的程度，學甲的上白礁大典，也許是一個值得發展、開拓而成民俗文化表徵的本土慶典。

●民俗變質，我們也得負責任

具有百年歷史的陣頭與藝閣，在短短幾年之內，被電子花車取代了（電子花車崛起於八〇年代初），問題的癥結除了寺廟主事者，社會中的每個人都得負一點責任，執政者更應統盤檢討。對台灣民俗的偏差政策……各方面一齊努力，我們的社會才可能擁有本土性格，民間藝術才會有地方精神啊！

連雅堂修《台灣通史》謂：「風俗之成，或數百年，或數十年，或遠至千年，潛移默化，中於人心，而萃為羣德，故其所以繫於民族者大。夫夏人尚忠，殷人尚質，周人尚文，一代之興，各有制作……」確確說明了一個時代的風土民俗，代表那個時代的精神與生活；這個時代的台灣，舊的風俗漸離我們遠去，新的風俗如果只是這般低俗不堪，委實是這一代台灣人的恥辱，我們怎能不檢討，以圖建立一個新的人文社會呢？

——原載一九八六年五月十五日《自立晚報》民俗月報

變調的民俗風

——台灣民俗曲藝的問題與危機

●眞人上揚拚金光

每年農曆三月，由玄天上帝的祭辰啓始，接着保生大帝、聖母媽祖、五府王爺、神農大帝的香期相繼而至，構成了台灣民俗信仰中的迎神旺季，公路上來來往往的盡是前往名寺廟進香的車輛，各地的廟宇——無論是人羣廟或角頭廟，也輪流搭起野台，演出各種戲劇，爲熱鬧的香期更添些繽紛的色彩。

在神明壽誕或迎神賽會中演出地方戲曲，可說是歷史悠久，源流深廣的傳統風俗，目的雖爲祝賀神壽或酬謝神明的庇佑，在傳統農業社會時代，卻也爲現實生活中的人們，提供了最佳的娛樂，民衆除了欣賞，更主動參與，或加入子弟班，利用閒暇的時光練習說唱、台步等，或模仿大戲演出的形態，稍加以改變後，而成爲日常休閒自娛娛人的歌舞小戲……等，因而，清代中葉以後，直到太平洋戰後初期，傳統的地方戲曲佔有重要的地位，更是最輝煌、最燦爛的時期，不少因戲而生的諺語，如：「呷肉呷三層，看戲看亂彈」、「做十三年海賊，看一齣斷機敎子，嘛會流目屎。」……應運而生，更證明地方戲劇受歡迎的程度。

戰後的台灣社會，社會結構漸轉向工商業型態，最能反映科技文明的現代娛樂大肆入侵，不到幾年間，電影、電視與舞台表演，成了台灣最普遍的娛樂民衆更樂於享受這種方便，經濟且更富變化新式娛樂，原本駐足在廟埕野台下的觀衆自然日漸少了。

長久以來一直都是娛樂主流的野台戲劇，突然面對外來娛樂入侵導致觀衆銳減，顯然無法適應，爲了挽回失去的光彩，只有力圖改變，改變的方式卻又受到新娛樂的影響，於是乎，傳統的地方戲曲也講究燈光、服飾變化，不久後連乾冰、吊鋼索也出現在野台，八〇年代以後，不少歌仔戲團或者在戲中「加料」演些脫軌的情節，或者只演半場夜戲，把另一半的時間挪來演出衣着暴露「大膽香艷」的脫衣表演，由木偶人演出的布袋戲，七〇年代便設機關、播唱片，大演金光戲，到了八〇年代，爲求「突破」，或者由眞人穿上怪異的服飾，在小小的戲台上充當巨獸，或者讓脫衣女郎和布袋戲偶同台演出。

地方戲曲不斷地加入了現代人熟悉的聲光與技巧，更不計後果地用各種誘人感官的內容，企圖挽回走失的觀衆，然而，卻又怎能比得上KTV或者酒廊的誘惑呢？

傳統戲曲被迫棄守廟會現場，取而代之的則是野台電影、電子花車以及康樂隊等，這些新式的野台娛樂，同樣可以達到敬神的目的（野台電影播放前，都會播放一段扮仙戲，義意跟傳統戲曲的扮仙完全相同），又更具娛樂價值，在價錢方面，往往只需一半或四分之一左右……如此一來，還能有存活下去的戲曲，只是些對嘴的廉價錄音戲，或者淪爲一個陣頭，把戲棚架在卡車上，邊走邊操動着布袋戲偶。

●禮失而求諸野

儘管野台戲早已被台灣的觀衆遺棄，電視上的歌仔戲又只是偶爾唱唱七字調的古裝連續劇，布袋戲更成了徒具骨架，不見血肉的不三不四金光戲，然而，優美的傳統戲劇，卻經常在世界各地造成不小的轟動，尤其是一九八七年，法國巴黎市政府文化部邀請亦宛然劇團的老師傅赴法教學兩個月，法國的郭安博物館更大力收藏台灣傳統偶戲的戲棚、服飾與戲偶。美國及東南亞、日本、韓國等國家，每年也都會邀請我傳統的地方戲團赴當地演出，每每都造成頗大的轟動，也吸引不少外籍學生前來拜師學藝……這一切，都足以證明傳統戲曲不只有絕對的藝術價值，更具相當高的娛樂成份。此外，本土地方戲曲長期存活在這土地上，豐富的吸收了風土民情，戲劇本身具有相當繁富的地方

◀台灣原有許多優美的民間戲曲，可惜至今大都漸已沒落。

▼古典布袋戲今已不多見，大都被金光戲取代了。

色彩，更是現代娛樂或西方式的表演藝術中找不到的。

再說傳統戲曲的特色，可分兩方面：一是唱做，一是音樂；無論是大戲或者是小戲，唱做方面都相當講究，以歌仔戲爲例，它雖是一種擷取多種中國劇種，並歸入本土地方小戲的土產劇種，唱作的要求上已不若源自中國的戲種那麼嚴格，但無論或坐或立，或跑或走，上馬下轎、出門進階，都有一定的象徵動作，其韻味絕非電視上的歌仔戲用佈景所能取代的；至於音樂，無論南管或北管，所流露的纏綿婉柔以至激昂壯烈，都是最能配合傳統戲曲人物個性、境遇或志節的後場音樂，西方的古典音樂或者現代的流行歌曲，也許表面上還能移花接木借用之，卻全無更深的意義。

●傳統戲曲何去何從？

長久以來，由於政府不重視，現實社會已完全是功利主義取向，致使傳統戲曲不斷遭受無情的打擊，終於日漸萎靡不振，或者以變調的脚步，在現實社會中苦苦掙扎，或者隨波逐流，愈走愈向虛浮、喧鬧的境界，如此下去，也許不久之後，不只必須宣說地方戲曲的壽終正寢，更爲本土文化奏響了送終曲。

當然，現代娛樂主義的社會，人們的消費習性已從過去緩慢的、細品慢嚐地轉爲激烈的、速戰速決的刺激，要現代人完全接受溫婉典美的傳統戲劇，是不大可能的，但這並不表示傳統戲劇毫無價值就像一片三百年前蓋的城牆，在飛機大砲遍佈的時代，現實意義上已毫無功能可言，卻不能隨意毀了它，畢竟它代表著先民社會的縮影，更凝聚了先祖們的情感與生活；傳統的地方戲曲不只是一座古蹟，可貴的是它並沒有完全死去，許許多多五、六十歲的老人，仍視爲最佳娛樂，我們怎能眼睜睜地看它沉埋在時代的洪流中？

要挽救日益沒落的地方戲曲，顯然不是件容易的工作，它需要民間與政府雙方密切的配合，民間方面，如果有企業家出資支持某些劇團或成立單項戲劇保存的基金會，才能讓技藝優良的戲劇，不必因爲生存的問題而陷入變質異化的末路，成立相關的基金會，則可實際負起薪火相傳的重責巨任；至於政府方面，首要的是在基礎教育中，改過幾十年來盲目崇洋和重中輕台的弊病，改授傳統的音樂、戲劇與美術，如此新生的一代自幼有機會親近本土文化，長大後，接受力與欣賞力自然大幅提昇，傳統戲曲的觀衆必然會增加；另外，政府每年更需撥列一筆預算，做爲資深傑出藝人的養老金或退休金，如此不僅保護了國家文化財，更可讓活躍於野台的藝人，能無後顧之憂的把最精華的生命奉獻給民俗曲藝，若能如此，要恢復傳統戲劇的光輝世代，應該不會是件太困難的事。

地窄人稠的台灣，天然資源本不豐富，加上國人肆意破壞、浪費，總有一天我們所面對的將是一個毫無生趣，毫無特色的世界，那個時候，「寶島台灣」還有什麼值得留戀或榮耀的呢？

今天，我們應該馬上去做的，是充份掌握豐富的民俗曲藝，發揚它們的優點，使得「寶島台灣」，眞正建立自己的人文特色！

——原載一九八七年五月廿九日《翡翠》雙週刊158期

移風易俗半世紀

——試論近代台北市歲時節俗的演變

●緒說

一九四五年八月，日本宣佈投降，台灣由國民政府接管，設台灣省行政長官公署，把日領時之州廳區域，改置爲九省轄市、五大縣、三小縣、二縣轄市，台北市爲九省轄市之首，更爲台地政治、行政、經濟、教育中心。一九四七年，台灣行政長官公署撤消，改爲台灣省政府，省府設在台北市；一九五〇年，全台行政區重新畫分爲五省轄市、十六縣，台北仍佔首位，當時士林、陽明山、內湖、景美、木柵等屬台北縣管轄。一九六七年七月一日，台北市合併鄰近六鄉鎮，升格爲省轄市，轄有松山、大安、古亭、雙園、龍山、建成、延平、大同、中山、內湖、南港、木柵、景美、士林、北投等十六個行政區，一九九〇年三月十二日，合併調整行政區爲松山、大安、信義、中正、萬華、大同、中山、士林、北投、內湖、南港、文山等十二區。

從日領時代的台北州廳，到現今首屈一指的現代化大都市，將近半世紀以來，台北市早已蛻變爲一國際之都，受到外來文化的衝擊也最烈，人民的觀念，生活習慣，民俗信仰以及歲時節慶的改變尤劇，最足以映現代社會的變遷與文化的變革。

●戰後初期歲時風貌

太平洋戰爭期間，日人爲改造台灣人，積極推行「皇民化運動」，强迫台灣人奉行「皇風生活」、「改善正廳，奉齋大麻」，對自動講日語，吃日本料理，尊敬太陽旗的家庭給予配給、就業等各項優待。本土的歲時風俗也大都被禁，客廳中的祖先牌位得改成「天照大神」，迎神賽會一律停止，連農曆新年都不准過，台灣人不從，日本當局乃把農曆初一至初五訂爲勞動服務日；民間的戲曲歌謠，除少數改作「皇民劇團」得以演出，其餘都遭查禁……一時之間，原本熱鬧無比，家家戶戶無不熱心參與歲時節俗都消匿無形，原有的四、五百團地方劇團，也僅剩三、五個樣板劇團，民俗戲曲受害之深，可見一斑。

太平洋戰後，一切禁制隨政局改變而消失，台灣人熱情地舞龍舞獅，絡繹於途歡迎祖國軍隊，只是經過長期的戰火洗禮，民生物資匱乏，加上政局尚未穩定，傳統的迎神

▲台北因工商業發達，民俗活動受到的影響最大。

▼每年四月底，台北保安宮的祭神農活動。

賽會，受到的影響仍大，王詩琅撰《艋舺歲時記》謂：「台北市永樂市場邊霞海城隍廟香火之盛，在台灣眞是屈指有數的；尤其是每年農曆五月十三日祭典的熱鬧盛大，可以說是首推第一。只是自戰爭劇烈化之後，日當局禁止迎神繞街，一直到了光復後經過四個年頭的今天，昔日蜿蜒數里的繞街，那熱烈盛況，上年紀的人每逢說起，都還談得津津有味。」，其他如大龍峒保生大帝祭、艋舺迎青山王，龍山寺浴佛節……等等重要的歲時祭祀，大都也成了老輩們不能忘懷的回憶，唯僅春節、清明、端午上中秋等歲時節日，和每個人的生活都有直接的關係，恢復得較爲迅速。

一九四九年，國民政府遷台，數百萬中國各地人士隨之來到台灣，三分之一都落脚在台北市，眷村、公教人員住宅區相繼興起，掀起了戰後首度歲時節俗的大衝擊。

這時期，老台北人的比例仍高出中國各省籍人士甚多，且中國各省籍人士分別來自不同地區，帶來的民俗文化大不相同，理應不致造成太大的波瀾，但這些人士大都聚集在當時的都市邊緣，組成的眷村或者新社區，排外性强且相當封閉，加上政府的刻意照顧，非但得以保持原籍的歲時習俗，更有能力擴而影響台灣人。

中國各省籍人士一般對本土固有的迎神賽會大都不參與，甚至抱持强烈的排斥態度，對台灣風行的地方戲曲，如北管、歌仔、布袋戲等，因受語言的隔閡，完全沒有能力欣賞，中國的地方戲曲，如京戲、豫劇、說唱大鼓等在政府的大力支持下，一直存活在他們建立的小世界中。另外，六月初六曝服日，山東人要炒白麵拌糖食，江蘇人要曬書，浙江人要在這一天替貓狗洗澡，生活在副熱帶氣候的台灣人，任何時間都可曬書曬衣服，六月六日却是開天門補運日。農曆過年，湖南人要醃臘肉，台灣人用紅糟醃藏雞鴨魚肉，杭州人在臘月廿四交年，廿七日是北方人的洗澡日，台灣人廿五入了年關，要到三十清晨再辭年，江蘇人稱團圓夜為除夕，台灣人則稱廿九暝或三十暗，……這種種差別，使得原本相當單一的歲時節俗，日漸趨向繁複而多樣，不過當時台灣人與中國各省人因語言及生活習慣的差異，相互影響的機會甚少。

五〇年代以後，台灣的歲時節俗接連受到兩個外來因素的影響，有了革命性的變化；一是當局為「本著提倡節約的主旨」，公佈了改善民俗要點，重點包括：每年僅限於中元節舉行一次拜拜，祭祀用豬羊僅限一對，野台戲每鄉鎮僅限演出一台，禁止燃放爆竹及冥紙……等項；二為西方宗教的復甦，不少智識份子與中國各省籍教徒紛紛展開活動，各教會更向母教會申請衣服、麵粉等補給品，誘使貧困民衆入教。

當局為「提倡節約」而公佈的十項「取締迎神賽會注意事項」，雖遭大多數民衆反對，但當時政治氣氛甚為緊張，「二二八」的傷痕猶新，大都不敢公開表示，僅有《台灣風物》雜誌提出質疑，認為民間的迎神賽會，是大多數辛勤的民衆，一年中僅有的少數幾次「飽醉」與「娛樂」，當局應站在人民的立場設想。可惜這些意見並未獲當局採納，原本「上元賞花燈，二月百花生，三月瘋媽祖，四月迎王爺，五月神暗訪，六月慶半年，七月開鬼門，八月邀月賞，九月重陽日，十月祭水官，十一月青山王，十二月吃尾牙」的台北人歲時節俗，迅速萎縮下來，一般性的節日，人們都略而不過，重要的祭典，如，端午賽龍舟、霞海城隍誕、艋舺青山王生，規模也不如前，原本迎神隊伍中重要的陣頭，如藝閣、蜈蚣陣、宋江陣、家將團也消聲匿跡。

傳統的歲時節俗受到壓抑，西方的宗教却在毫無阻力的情況下，不到幾年，勢力倍增，信徒更遍佈各階層，西方宗教的代表節日——耶誕節，更是一年比一年熱鬧，尤其是智識份子，每每在這一天都熱烈慶祝，吃喝玩樂，歌舞通宵。民俗學家陳漢光就曾針對當時的情況提出批評：「我認爲政府如果對於聖誕的不良風俗繼續放任下去，即有媚外抑內的意味。信教是一件事，改風俗又是一件事；嚴格的說，現在部份人不是信基督教，而是『改風俗』。我沒有反對『改風俗』，只是我主張『改風俗』要自然的改。就目前政府改善風俗的表現——一部份放任，一部份壓制。那似乎有點欠合理公平。」（《台灣風物》九卷五、六期合刊》）

●近三十年來民俗概況

六〇年代以降，政治日趨穩定，社會在安定中成長，初期的經濟建設也收到成果，市民所得大幅提昇，都市規劃日益完備，台北市邁出走向國際化都市的第一步。

都市的國際化，必得接受外來政治、貿易、經濟、教育、娛樂、文化的衝擊。其中，對傳統歲時節俗影響最大的，便是新娛樂的崛起。

新謂「新娛樂」，包括廣播、電影、歌舞表演以及電視等，前三項雖早在日領時代便誕生，但受到政治、戰爭、國民經濟等因素影響，僅限於官方或少數高產階級擁有，六〇年代以降，台灣的安定與繁榮，使得這些娛樂有了漸大的生存空間，而它們又具方便、經濟以及新奇等優點，吸引了絕大多數原本在廟埕野台看戲的觀衆。

一九六二年，台灣電視公司開播，對首善之都的台北，造成的影響更大，幾年間，大半的台北市都著迷於這種既有視聽之娛，又比其他娛樂更方便的娛樂，再者，電視所創造出來的「明星」，也刺激了歌廳、夜總會的復甦或茁壯；到了六〇年代中期，台北市民的娛樂型態與娛樂需求，已有了革命性的改變。

都市的繁榮，吸引大批外鄉人前來謀職或求學，不少人爲了在此地生根，促使許多新社區的興起，這些新社區並不像眷村般封閉，反因居住其中的外鄉人，大都市和老台北人在同一公司機關任職，時有交融的機會，反映在民俗歲時上，更有取他俗優點，簡化本俗缺點的趨勢，於是，客家人的飲食出現在台北市，南部人的婚喪禮俗也影響了台北人，相對的，外鄉人也開始參與台北市固有的迎神賽會及其他歲時祭典。大體而言，彼此影響造成的結果是：化繁文縟節爲簡易可行。

都市的現代化，使得人們改變了舊時悠閒的生活步調，逼得人人加緊脚步，以應付日益繁忙、緊張却刻板的現代生活，如此一來，多數民衆的生活情調起了基本的變化，尤其是固守舊禮俗的老一輩人日漸凋零後，人們處理傳統節俗的方式更爲簡化，小節日幾乎完全被放棄，春節、元宵、清明、端午、中元、中秋、冬至等最受民間重視的大節，也簡化許多，甚至只買些現成的東西應景一番。

都市的科技化，對傳統文化的挑戰最鉅，七〇年代以後，新一代的智識份子崛起，他們受西化教育，使用的是科技文明的產物，享受的是前衛、新潮的西方娛樂，完全沒有機會接觸到傳統文化，在未經比較的情況下，便盲目地奉西方文化爲導師，强烈而斷然地拒絕先人傳下的歲時節俗，因歲時而來的假日，也不若長輩們到廟裏燒香，到江邊看龍舟競渡，或者到親戚家拜年……，他們熱衷探訪名川大山，遊賞風景名勝或者出國增長見聞……。

上述衆多壓力的衝擊下，現今台北仍維繫不墜的歲時節俗已不到三、四十年前的三分之一了，春節時，許多家庭仍貼春聯，元宵節各寺廟仍有花燈大展，清明節的掃墓舊習依在，四月初八不少婦女到龍山寺洗佛，端午節淡水河仍有龍舟賽，五月十三日霞海城隍仍出巡遊街，中元普渡仍殺豬宰鴨，十一月廿二日艋舺同樣迎青山王，冬至日，多數人也會買一兩盒湯圓回家……但太多的人並不了解節慶的意義，更缺乏情感，難怪愈是台北人，愈要感嘆傳統年節一年比一年沒味了。

●在舊歲時中找尋新精神

傳統習俗的式微與變質，並不是台北市特事的現象，放眼台灣全島，或者世界各地的歲時節慶，也同樣的在現代的潮流中蛻變，是好或壞的關鍵在於是否能在改變的同時，注入新的精神以及現代化的主張，成為新社會人們精神與情感的凝聚。

回首半世紀來，台北歲時的變革，最大的問題應是台北人在西方科技與功利主義的誘導下，失去了認同本土文化的機會，對固有的歲時節俗不帶有任何感情，只為應景或緩和長輩的壓力而行之，歲時範慶失去了豐厚的本質，最終之路便是走向被忽視、遺忘的境地。

開台三百餘年來，先民們代代相傳迄今的舊俗，雖大多數已無法適應現代人的生活與情調，却是先民們情感與精神的凝聚，或蘊有敬天念祖的思想，或隱含一分耕耘、一分收獲的深意，或明示保護大自然的重要。……這些精神，絕對是現代人最需要的，豈能因為不了解而視為落伍或跟不上時代呢！

台北人啊！台北人，在我們庸碌茫然的生活中，還有什麼比在先民的舊習中，找出

新精神，重建我們的自信與自尊更重要呢？

——原載一九八七年三月十六日《自立晚報》民俗月報

走出流行，重回民間

——試論「流行文化」與「常民文化」

自從西元一九五一年，政府提出「以農業培養工業，以工業發展農業」的經濟方針，兩年後，又連續推行了三期的四年經濟建設計畫，這三、四十年間，台灣的一切建設，全都以經濟建設爲重，以經濟發展爲先，回顧當時的台灣現實環境，正如瀚海中的一葉扁舟，在一無所有的情況下，緊抓著經濟，以求在廢墟中重新站起來，原也是無可厚非之事；然而，台灣當局在推行一系列的經濟建設方針時，爲了達到既定的目標，往往犧牲了許多東西，甚至連所宣稱的「以農業培養工業，以工業發展農業」政策，都只是口號而已，台灣的工業但非沒有「發展農業」，農業甚而徹底成了工業的犧牲品，至於其他方面的建設，諸如社會、教育、文化……等，更如同孤兒般，非但乏人照料，往往在錯誤的政策下導入歧路，否則也遭漠視與排擠……。

八〇年代以後，長久以來全盤推行經濟的政策，顯然已相當成功，當局經營成功的經濟奇蹟早爲世界各國所矚目。然而，經濟的成功並不等於整個社會的進步；再者，台灣一直受限於天然資源的匱乏，無論生產及貿易能力强到什麼程度，却也無法突破次經濟的地位。當局似乎也慢慢地認知經濟並非萬靈丹；外交的橫逆、社會的混亂、道德的淪喪非但不能用經濟手段來解決，這些問題甚至都因過度膨脹經濟的地位而直接或間接導引出來。

面對著許許多多的挫折與困難，八〇年代的台灣社會終也漸漸懂得反省。嚴格說來，「反省」本就是一個文明社會的特質，只是台灣社會的反省能力，來自於外力的壓迫，缺乏持續力及張力，往往只求解決一或兩件問題，甚少考慮更深遠的問題，不是不切實際，就顯得毫無深度。

八〇年代台灣社會的「經濟奇蹟」，也造成流行文化的橫行，長久以來，人民在「一切向錢看」的薰陶之下，可以完全放棄精神世界的追尋，只一心一意浸淫在表面的光鮮與感官的享受，如此自然讓這一代台灣人對流行文化趨之若鶩。

我們的社會只是處處競起高樓，家家拚命裝潢，街頭充斥著靡爛、無味的樂音，媒體聲光成了腐蝕人心的大溫床，書店裡暢銷的是無病呻吟的創作或賺錢謀策之書，男人眼中只有慾望與金錢，女人拚命積存珠寶與黃金……，盜匪橫行、道德敗壞、價值觀混淆，不正也忠實地反應出這社會的病嗎？

這張病歷表上的種種問題，大多數顯然來自戰後四十年來，本土文化的嚴重斷層。

●什麼是文化？什麼是常民文化？

談到文化，顯然必須先弄清楚什麼叫文化！

嚴格說來，文化是沒有定義的，它不像藝術可以創作，更非戲曲可以欣賞，也不如食物可以溫飽。若依社會科學的解釋，乃指一個民族生活方式的全貌，範圍包括知識、信仰、藝術、道德、法律、風俗、語言、科技、娛樂……等等，可歸類出幾項特質：一、因後天學習而來的；二、用來適應環境且具特定功能；三、具有整合作用；四、會隨時代而變遷；五、爲全體社會成員所共享的且代代相傳的。顯見文化並非一種固化的知識實體，而是心靈活動的延伸與展現；因而，文化所影響的是人們的心靈、情感與思想，而非外在的環境和樣貌。

根據上述的解釋，顯然「文化」乃指一個民族或一個社會中人們行爲的具體呈現，那麼，今天都市街頭的每一種陳設，每一個青少年的打扮，甚至電影、電視所播放的內容，都算是文化，又何來「文化斷層」呢？

討論這個問題之前，得先談談「次文化」！所謂「次文化」，是指一個族羣的文化中，由某一特定的羣體或某一教育水平的成員，爲適應他們的需要而繁衍出有別於整體文化的分株文化；諸如青少年文化、商業文化、工業文化、婦女文化、消費文化、犯罪文化……等等皆是。今天台灣文化問題最大的癥結，乃在這些次文化上；青少年成羣結隊，嬉戲玩樂，仿日本青年……這是我們的青少年文化；商人們只重自己的利益，斤斤計較，甚至爲達到目的，使盡陰險伎倆，陷人不義……這是台灣的商業文化；廠方爲求生產，强迫工人加班，爲求利益，剝削工人權益……這是本島工業文化；婦女們整日浸淫於化粧、美容、貂皮大衣，這是典型的台灣婦女文化；多數人把休閒、消遣的時光，虛擲在電視機前，把辛苦賺來的錢，浪費在一窩蜂的美式速食店及衣著、服飾上面……這是台灣人的消費文化，上述種種「次文化」，都跟流行脫離不麼關係，且有愈來愈强烈的低俗化取向，因而也稱爲消費性的「流行文化」。

那麼，什麼是常民文化呢？

它是廣大人民所反應出的基礎文化，並不特別指某個階層的文化而言，而是以多數人爲主體，融合上層、精緻以及粗糙文化而成，並爲衆人熟悉且具整合作用的文化。功利社會前的台灣人，至少具有寬厚、誠信的本質，待人接物以禮爲本，商場交易講究的是誠信與實在，彼此間的競爭也都是正大光明的，對自然萬物，懷着敬畏之心，不浪費一粥一飯，更不常肆意破壞汚染，年輕一代在老輩們諄諄善誘下，多肯吃苦耐勞，以自己盡的一份力量換取一份報酬……這一切，在實踐上或者有某部份已不合時宜，但它的基本精神，卻是台灣常民文化最可貴、最優美的一面。

●爲什麼要倡揚「常民文化」？

比較過流行文化與常民文化之後，前者實爲工業文明，西風東漸而發酵出的新文化體系。這種文化從西方到東方，都普遍地取代了原有的舊文化，它之所以能夠在現代社會中輕易佔有優勢，乃在於過度的經濟發展，導致社會全面性地庸俗化與利益化。兼具這些特性的「流行文化」，遂成爲商品般，爲社會大衆追逐的消費品；這現象也最符合現代工商社會的性格，所造成的文化危機，嚴格說來，幾可說是一種必然結果。

既然「流行文化」是工商社會的典型文化，我們又何苦於重提被漠視已久的「常民文化」呢？討論這個問題，必先確認的是，西方的工業文明，基本上都是在他們自己的土地繁衍而生，西方的「流行文化」也是從原有的舊文化慢慢脫胎換骨而來；因而，西方「流行文化」的一切特質，無論是好是壞，都因人民而生，無論適應性或整合性都不致產生問題。

五〇年代前的台灣，仍是封閉的農業社會，當局爲了短時間達成經濟建設的目標，横的移入西方的工業技術，人民根本沒有工業化轉型的適應階段及能力，當局又缺乏基本的導引與正確的觀念疏導，造成了無論知識份子或貧農百姓以爲「拋棄舊包袱，接納新文化」爲風潮，卻無法深切體認西方文化的基本精神，結果只囫圇吞下一些西方文化的表象，卻又强力主導台灣的文化現象，社會的整合力和適應力又顯得不足，價值觀的混亂，遂成無可避免的問題。

「常民文化」的脚步雖遲緩，更有較多的包袱卻是唯一孳生於這塊土地，融合無數先民們的智慧與生活，並記錄下歷史軌跡的文化，無論適應力及整合力，都絕非其他文化所能取代的。它的角色也許不易爲現代人接受，更難和「流行文化」相抗衡，卻何妨換個方法，以漸進的方式，像是從引發人們的興趣與關心開始，慢慢帶領人們重新品味「常民文化」的芳美甘醇；更可從教育方面着手，讓我們的下一代自幼便能體會敬天畏神的道德觀以及不浪費一粥一飯的價值觀，相信社會自然慢慢地能分辨「流行文化」的粗糙與「常民文化」的深厚之別。

也許，要人們從耽溺了一、二十年的流行文化中爬出來，走入一個較落實的文化中，不是一件容易的事，但我們必須確認，要讓台灣人重生拾自信與尊嚴，只有從確認本土文化的意義與價值開始！

認識這塊土地與人民，顯然是認識本土常民文化唯一的道路！

——原載一九八六年十月《南方》雜誌創刊號

政治控制何時休？

——從宗教法的制定談台灣寺廟文化

早在一九七九年，政府為「建全宗教團體組織，便於管理，對違反公序良俗教派有所規範」，首倡研訂宗教法，後來雖因實施政治控制的手段過於明顯，遭各宗教團體的反對而不了了之，至一九九〇年三月，內政部又再委託中央研究院對宗教立法問題的可行性加以評估，結論雖傾向不宜制定，政府和某些宗教團體卻達成「共識」，反映出「刻不容緩」的需要，仍執意制定，並再三表示：「只是立個法來規範，讓行政機關及宗教團體有準則可依據，不會干涉信仰自由。」（《中國時報》一九九〇年六月廿一日）

●為誰制定宗教法？

我們無法實際知曉宗教界（尤其是少數宗教團體）對宗教法的需要，到底迫切到什麼程度，更無從了解他們對這個法的需要是「可以藉以輔助宗教正常發展」，還是作為保障既得利益，排擠新興份子？但從過去台灣寺廟宗教所表現出的特殊文化，卻令人擔心宗教法的訂定，可能成爲少數人控制台灣宗教發展的護身符。

台灣自戰後始，一連串的政治衝突引來長期的戒嚴，台灣人諸多自由都被箝制，某些人爲了求取個人的利益，於是有了各種形式的妥協與歸附；執政當局利用長期的戒嚴，剝奪許多人民的自由，已經相當不合理，少數人爲了求得個人的利益，再透過種種私人關係甚至是金錢攻勢，而取得某些特權，這本是一件羞恥的事，但在別人不能我獨可的特權心態下，竟成爲一種炫耀的本錢。此外，更多人爲了完成某些心願或工作，卻又害怕政治的迫害，寧可捨正當的抗爭手段，而以妥協、假借其他名目的方法，來達成心中最基礎的願望……。

長期政治控制下的戒嚴心態，不僅反映在台灣的各行各業上，傳統的宗教寺廟，更把這一套戒嚴心態的特質，完完全全地接納而發揮出來；早期各廟爲爭主導權，與政治人物甚至於政治團體掛鉤，寺廟利用地方上的人脈控制選舉，政治團體運用政治的手段壓抑其他寺廟的發展……這類的例子俯拾皆是，說明了愈嚴密的政治控制，愈容易產生各種的特權，寺廟主導者爲了各種利益，自然樂於成爲政治的附庸。

每年農曆的三月十一日，台南縣學甲鎮的慈濟宮，都要盛大舉行上白礁大典，這項南部地區規模頗大的迎神賽會，早年乃因日領末期，台海阻隔，保生大帝無法回鄉進

▲學甲慈濟宮上白礁的祭典相當可觀。

▼清水祖師出巡，充滿了政治意味。

香，乃行隔海遙祭祖靈的活動，原意頗佳，戰後又因國共內戰，台海形成兩對峙的政權，慈濟宮爲維持「上白礁」的活動，在將軍溪畔建築白礁亭，每年仍按時舉行上白礁大典，隔三、四年間，更舉行一次持續三天的刈香活動，邀請百餘家的陣頭參與，活動範圍達附近好幾鄉鎮，陣容之大堪稱全台之冠，活動中廟方嚴禁色情入侵，堅持純粹的民俗藝陣表演，都是最值得肯定的；然而，這些光鮮亮麗的民藝之後，卻仍脫不了和政治緊密結合的特質，不僅邀請各政府要員與民意代表擔任「繞境祭典委員會」的各級委員，活動中更充斥着政治宣傳的味道，廟前的廣播整日都是：「我們的祖先都來自大陸，和大陸同胞有血濃於水的情感，今天我們在這裡熱烈慶祝保生大帝的聖誕，更不要忘記大陸上的苦難同胞，大家要團結起來，在政府英明的領導下，完成統一中國的神聖使命……」的政治宣傳（上述爲廣播稿大意，早些年甚至還有消滅共匪之類的字眼，近年則有改變），上白礁謁祖時，更不忘「遙拜大陸列祖列宗，血濃於水不忘本之中華民族精神。」（《學甲慈濟宮七十九年上白礁謁祖繞境祭典資料册》）

●無官不成宗教？

學甲上白礁是個典型而突出的例子，其他例子更隨處可見，有些寺廟舉辦個活動，要請四星上將剪綵，要不然就是請黨政要員擔任活動的主委，即使只是掛名，廟方也想盡辦法要那些要員首肯，一般最平常的迎神賽會或是演戲酬神，仍因執政者的「節約拜拜，改善民俗」要點有諸多限制，民間要辦這樣的活動，只得以「慶祝總統、副總統就職×週年」或者「慶祝新生活紀念日」以至於「慶祝國慶」、「慶祝蔣公誕辰」等等所有的政治理由申請，這一切不合理的現象，非但從來沒有人反抗，爲求申請獲准，多數人反而是卑躬屈膝，一味討好。

寺廟活動嚴重的政治導向，產生畸型的政治生態，更使它陷入另一個不正常的特質中，這特質乃是庸俗化與功利化。

台灣的通俗信仰，在漫長的發展過程中，雖一直在無政府的狀態下自由發展，在宗教勸人爲善的本質下，非但甚少給社會帶來負面的影響，反而因具有導正社會風氣、約束社會道德的作用，對於社會的正常發展貢獻了相當大的力量。然而，戰後的政治力量深入宗教後，能夠主事寺廟或宗教活動的人，都必須具有相當的政治實力，一般人根本不可能有機會參與，成了少數人的專利，其他的人爲了分嚐這些權利，幾乎可說是無所不用其極，其中最有效的往往是金錢攻勢，如此一來，金錢開始主導着寺廟文化。

這些年來，由於台灣社會的繁榮，鉅額的香油錢成爲各寺廟主要的財富，因而不管是爲了寺廟或個人的利益，許多人擠破頭都想要成爲管委會或董事會的一員，有的人根本沒有機會跟現有的廟搭上線，或者遭受到排擠無法進入權力核心，於是另起爐灶，蓋一座巨大的新廟和老廟別苗頭；老廟爲了和那些巨大、裝飾繁複（却不一定精細）的新廟相抗衡，紛紛大興土木，蓋了許多庸俗無比的冰冷水泥建物。此外，又爲吸引角頭內信徒的認同，競相舉行各式各樣的活動，從繞境遊行到建醮大典，無所不用其極，許多活動早已超量而無實際需要，主辦者好大喜功，競相擺排場、競賽鬪氣，却從不重視內容或意義，如此注重表象的寺廟文化，怎不把台灣社會帶向金錢化與庸俗功利化的深淵中呢？

●我們需要什麼樣的寺廟文化？

台灣的寺廟文化，從最早勸人爲善、導正社會風氣，到今天和政治掛鈎、互謀其利，走上極度庸俗化的境界中，早已成爲病態而急需改造，且改造全然不能再跟現今的執政者扯上任何關係，否則只會加速惡化而無導善的功能，因此，當今的施政者，最應該做的是放棄控制，讓它重回到民間的懷中，讓地方人士都能參與，同時更需加入智識份子的智慧與力量，從建立人文觀的文化開始，讓寺廟文化重新走入溫馨的、人性與人文的世界中。

我們反對宗教法，最主要的原因是當政者過去對宗教的控制，早已使台灣的宗教畸型發展，當政者和寺廟主事者形成共同的利益體，反對者根本無緣置喙，如此建立出的

寺廟文化，怎會符合台灣人的需要呢？

——原載一九九〇年四月廿五日《民衆日報》台灣風土月報

永無終點的旅次

——《台灣的歲節祭祀》後記

少年時代，曾經好長一段時間，一直深懷著「浪子」的夢，青春的筆記上，寫下太多流浪的故事，却還是個未曾離家的孩子。

退伍那年，急著想在這人海茫茫的社會中，找到一份固定的工作，却一直不順利，有一天，任職報社副刊的友人吳繼文，向我調借南灣核三廠的照片，那時候，我甚至不能確定南灣到底在那裡，就只憑著一份地圖，揹著向大姐徐鈴熙借來的相機，搭乘夜快車南下，那不是我第一次搭乘夜快車，却是開啓我往後流浪生涯的濫觴。

十年了，南來北往，四處爲家的日子中，却根本找不到少年夢想中的浪漫與哀愁，十公斤的相機、五公斤的行李經年累月揹在肩上，如山的鞭炮炸起，別人可以躲得遠遠的，我只能往前衝；建醮普渡之後，四方善信盡情飲酒作樂，我還得跟著道士們送神、謝壇；年關屆時，我和許許多多的人一樣擠在車上，對別人來說是回鄉之旅，我却是離鄉的旅次，只爲看看別人怎麼過年……

十年來，有人羨慕這樣的生活，也有人不屑，更有太多的酸甜苦辣，完全得由我自己獨享，從不曾有過一絲後悔，至少，它是我選擇的志業，這份辛苦的志業，經過漫長的耕耘，終於也願意開始結果了，也許，這果實還不曾璀燦亮麗過，却絕對是脚踏實地，用汗水與時間澆灌而來的。

《台灣的歲節祭祀》正是這麼多年來，辛勤耕作所結的果實之一，其中包含了三個部份，第一個單元探討歲時傳說，可視爲我的第一本書《台灣民俗誌》續集，不過其中介紹的歲時節俗，像東山迎佛祖、車勢新丁粄、五年媽祖祭、端午洗港、金湖牽水轙……都是相當特殊而少爲人知的習俗，我不願意躲在書房裡翻資料，寫賽龍舟、吃月餅的傳說，却四處奔忙，探訪特殊的地方風俗，最主要的目的，是希望這一代台灣人，能夠確認本土常民文化的豐盛與多樣，而不必一直扛著中原文化的大招牌，却永遠扛不進家門。

這些年來，我也曾經完整地進行過幾個醮典科儀的田野採訪與記錄，却只把它寫成報導性的作品，收錄在第二個單元，這樣做有二個理由：第一，學院派所做的田野記錄，雖有其必要與學術價值，却因過於繁瑣、龐雜、資料太多、內容枯燥、一般讀者根本無法閱讀，影響力有限，報導作品的學術價值雖較低，一般人却比較能接受，對本土文化的推動比較有利；第二，報導文學往往會有不夠嚴謹的缺點，田野調查却又過於專門，彷彿只是少數人的專利，我試著把這兩項結合，達到「田野工作通俗化」的目的，對鼓勵更多的朋友認識或進行本土文化的觀察、研究，顯然有更好的成績。這些年來，事實證明我的推動，已有初步的成效。

本書的第三部份，討論的是些民俗背後的意義問題，我在民俗領域中長期工作，最大的感嘆莫過於現代人對於民俗的態度，大部份都是照著老一輩的樣去做，却很少探究一個活動或祭祀背後的意義，久而久之，只覺得愈來愈沒有味道，距離自然就愈遠了，因而，我說是不斷地向有興趣的朋友說明許多台灣民俗源起的背景，或者它更深一層的涵意，「民俗本義」中收錄了一部份，也許觀點不是全然成熟，意見也不一定每位朋友都會同意，但至少應該是一個可以供大家討論或深思的機會吧！

這樣的一本書，原來都只是一些零散的文章，它的誕生，要感謝林文義兄的推薦以及魏淑貞小姐的青睞，還有黃文博的序文，此外，還要特別謝謝的是這幾年來，許多識與不識的「死忠兼換帖」朋友，只要我寫的書，他們完全照單全購！

劉還月創作相關年表

一九五八年　一　歲　二月二十日出生於新竹縣新埔鎮內立坑，祖父劉興隆，祖母劉涂梅妹，父劉邦進，母劉魏秋妹。排行老大，祖父取名劉魏銘。

一九六八年　十一歲　唸寶石國小五年級，開始向國語日報投稿，〈我的志願〉獲選發表，稿酬是《小作家》五冊。

一九七〇年　十三歲　隨父母遷居竹北，入竹北國中就讀，迷上散文集《不是終點》（作者已忘），開始涉獵文學作品，但大都為無病呻吟之作。

一九七三年　十六歲　父母離異，隨父親遷回新埔鎮石頭坑，與祖父母同住。

一九七五年　十八歲　參加文壇函校寫作班。

散文〈故鄉的風光〉發表於《文壇月刊》一七九期。

一九七六年　十九歲　**散文**〈三峽半日行〉、〈相思季〉、〈被焚燃的感情〉、〈台北小記〉發表於《文壇月刊》。

小說〈石源伯和他的橘子〉發表於《中央日報》副刊。

一九七七年　二十歲

新詩〈流浪漢〉發表於《笠詩刊》。

雜文〈一個苦力的自述〉參加《夏潮雜誌》徵文，獲選刊載，〈介紹所、介紹所〉發表於《夏潮雜誌》，〈知識份子？棟樑？這般大學生？〉發表於《中國論壇》。

散文〈漂泊之外〉發表於《八掌溪詩刊》，〈雁回北地〉發表於《小說創作》，〈夕陽手箋〉發表於《中華文藝》。

小說〈春蘭的眼淚〉等發表於《民旋晚報》副刊。

訪問〈充滿愛與希望的女詩人〉發表於《中華文藝》，此後每月皆以一訪問稿發表於該刊，〈抓住春天的人〉發表於《書評書目》。

一九七八年　二十一歲

散文〈長長夜巷燈不殘〉等多篇發表於《民族晚報》副刊。

小說〈雨夜〉發表於《台灣文藝》，〈那個星期天〉、〈風水〉發表於《文藝月刊》。

武俠小說〈除了劍之外〉發表於《民聲日報》副刊。

一九七九年　廿二歲

評論〈吳念眞的風貌〉、〈大學生與芳草地〉等發表於《民聲日報》副刊。

新詩〈冬夜的音樂會〉、〈雨奔〉發表於《風燈詩刊》。

一九八〇年　廿三歲

服役軍中，創作量大減。

散文〈冬夜〉發表於《南市青年》。

小說〈梁山泊與祝英台〉發表於《民衆日報》副刊。

任周清玉競選國大代表助選員，從發傳單幹起。

少年小說〈猷子魏綱〉發表於《新少年》月刊。

一九八一年　廿四歲任謝長廷、林正杰兩人競選台北市議員助選工作，負責文宣工作。

進入廣告公司擔任企劃工作。

小說〈天使星座〉發表於《文藝月刊》，〈先生媽大顯靈〉發表於《聯合報》萬象版。

報導〈失樂園裡的歌仔們〉、〈掌中人生〉等多篇發表於《聯合報》萬象版，〈行脚台灣的梁正居〉發表於《芙蓉坊》雜誌。

攝影〈中國人的母親〉發表於《聯合報》萬象版，〈捕魚人〉發表於《中國時報》生活版。

一九八二年　廿五歲

小說〈中國之夜〉發表於《台灣文藝》，〈阿財要做縣長〉發表於《聯合報》萬象版。

報導〈漆雕中國傳統〉、〈蘭生大地吐芬芳〉等多篇發表於《自立晚報》副刊，〈小火車開向何方〉發表於《芙蓉坊》雜誌。

新詩〈雲的諾言〉發表於《台北視聽雜誌》。

攝影〈攤販〉發表於《自立晚報》副刊。

一九八三年　廿六歲

小說〈掌聲〉發表於《台灣日報》副刊，〈愛情與口紅〉發表於《漢家雜誌》，〈大毒梟〉發表於《美洲中國時報》副刊，〈小三仙的故事〉發表於《青少年生活教育》雜誌，〈命案〉發表於《文學界》。

報導〈斗笠下的老人〉、〈伐樟熬腦兩百年〉等多篇發表於《自立晚報》副刊，〈洲後村最淒厲的冬天〉發表於《台灣時報》副刊，本文於四月二日見報後，馬上遭南警總「關切」，後半部被迫刪掉，因而也引起文壇友人的重視，對我鼓勵甚多，奠定我往後堅持報導工作的決心。此外另有多篇作品分別發表於

《龍龍月刊》、《漢家雜誌》、《夏潮論壇》等刊物。
訪問〈布袋戲的袖裡乾坤〉、〈活在陽光下的演員〉發表於《台灣時報》副刊，〈有人性的地方，就要有感動〉發表於《台灣文藝》。

一九八四年　廿七歲

新詩〈守護者〉等發表於《詩畫藝術家》。
攝影〈秋天的田野〉獲選為《自立晚報》「留下美好樂土」活動海報照片，〈神的慶典，人的祭場〉發表於《台灣文藝》，後文字部份收錄入《人間短歌》。
設計、攝影《島上愛與死》、《和土地一樣膚色》、《夢魘九十九》、《兩河流域》等書（前衛版）封面。
策劃〈美哉台灣攝影展／生活篇〉於《自立晚報》副刊連載。
策劃〈生活專題〉，每星期日以十批版面於《商工日報》見報。
任《自立晚報》生活版主編。
小說〈青春輓歌〉發表於《商工日報》副刊。
報導〈雲霧中的伐木聲〉發表於《大自然》季刊，〈ㄖㄖ鮮紅檳榔歌〉、〈火樹銀花蜂炮節〉等多篇發表於《自立晚報》副刊，〈掌聲・戲偶・眼淚〉發表於《台灣文藝》，本年起有大量的報導作品發表。

散文〈照片〉發表於《自立晚報》副刊，後收錄入《生命的滋味》，〈旅愁三疊〉發表於《中國時報》人間副刊，後收錄入《一九八四年台灣散文選》。

一九八五年　廿八歲

小說〈月琴〉發表於《台灣時報》副刊。

報導〈大海假我以營生〉、〈靠着河流靠着水〉發表於《大自然季刊》，另有多篇報導作品分別發表於《自立晚報》副刊、《台灣時報》副刊、《民衆日報》副刊。

散文〈戲台明滅〉等發表於《自立晚報》副刊。

專欄〈台灣民俗誌〉於《自立晚報》副刊連載。

創刊〈攝影月報〉，先假《自立晚報》生活版見報，半年後移刊副刊，每月十日以二十批版面刊出。

和張照堂、梁正居等人於台北市立美術館舉行〈海岸攝影十人聯展〉，展期二月一日至二月廿八日。

一九八六年　廿九歲

調任《自立晚報》小說版主編，並於六月底辭職，全心投入田野調查工作。

散文〈最後的信天翁〉獲第九屆時報文學獎優等獎，〈折翼的鳳凰〉發表於《自立晚報》副刊。

報導〈山水相映輝花蓮〉發表於《自立晚報》副刊，〈驅凶避邪端午節〉、〈上白礁、祭祖靈〉等多篇民俗報導密集於自立、民衆、台時、自由等報紙發表。

年度攝影總評〈在順逆間定影〉發表於《自立晚報》副刊。

創刊〈民俗月報〉，每月十五日於《自立晚報》副刊見報。

專欄〈民俗札記〉於《台灣時報》副刊連載。

民俗報導集《台灣民俗誌》交由洛城出版社出版。

進行〈台灣歲時小百科〉田野調查計劃，獲吳尊賢文教公益基金會贊助二十萬元田野工作經費。

繼續從事台灣民俗田野調查工作，並兼任《三台雜誌》總編輯。

接受委託進行桃園平鎮福明宮三朝慶成祈安醮全程田野記錄。

一九八七年　三十歲

散文〈鵬的傳說〉發表於《聯合報》副刊、〈那逐漸蒼老的鴿鵪〉發表於《台北人》雜誌，〈義民〉發表於《幼獅文藝》、〈莿〉發表於《自由時報》副刊，後收錄入《歲月鄉情》。

報導〈婆娑洋上綠長城〉發表於《自由時報》副刊，後收錄入漢光版《台灣菜食譜》做為總論，〈繁華夢盡牽水轙〉發表於《大世界雜誌》，〈燕尾與馬背交織的天空〉發表於《三台雜誌》。

專欄〈台灣歲時小百科〉於《民衆日報》副刊連載。

攝影〈海灘夕照〉、〈木麻黃〉及〈夕陽老樹〉分別獲選為前衛版《惜別的海岸》等三書封面。

風土文集《回首看台灣》交由漢光文化公司出版。

與邱昭文結婚。

一九八八年　卅一歲

繼續從事台灣民俗田野調查工作，秋天結識林勃仲博士，共同籌備臺原出版社。

接受委託進行三峽長福巖祖師廟五朝慶成醮醮典全程田野記錄。

散文〈闇痖鶴鳴〉獲《中央日報文學獎》第二名（第一名從

缺），並入選九歌版《七十七年散文選》，〈嚎海的子民〉獲教育部文藝獎佳作，入選希代版《一九八八海峽散文選》。

報導〈送瘟祈福王船祭〉發表於《藝術家》，〈巨聲震醒穿山甲〉、〈基隆中元祭孤魂〉等發表於《民衆日報》，〈陽界開鬼門〉等發表於《中國時報》文化版。

專欄〈戲偶人生〉於《自立晚報》副刊連載，〈台灣民間信仰小百科〉於《民衆日報》副刊連載。

攝影〈平埔夜祭〉獲一九八八年度最佳新聞攝影獎佳作。

散文集《旅愁三疊》交由駿馬文化公司出版。

一九八九年　卅二歲

臺原出版社創立，任總編輯。

報導〈平埔何處尋舊社〉獲《中央日報》文學獎報導文學獎第三名，〈秋天正是祭祀天〉、〈平埔嚎海祭高潮〉等發表於《中國時報》文化版。

執行製作《掌中乾坤》公共電視節目攝影，攝影〈廿四節氣〉（共廿六張）獲選用爲《七十八年記事曆》（我們的雜誌出版）。

報導文集《台灣土地傳》、《台灣歲時小百科》交由臺原出版社出版，兒童文集《歷史的痕跡》交由台灣省政府教育廳出版。

小女於晴出生。

離婚。

一九九〇年　卅三歲

任臺原出版社總編輯，並兼協和藝術文化基金會總幹事。

報導〈勤奮堅毅客家血〉發表於《文訊月刊》，〈迎送鬼魂間〉發表於《教師天地》季刊，〈四季籤與好采頭〉等多篇發表於《民衆日報》鄉土版，〈變音改影現新貌〉發表於《自立早報》副刊。

散文〈野台悲歌〉發表於《自立早報》副刊，〈失落的雁群〉發表於《自由時報》副刊，〈時間的河，歷史的路〉發表於《雅砌月刊》。

創刊〈台灣風土月報〉於每月廿五日於《民衆日報》鄉土版見報。

擔任《歲時．人間》公共電視節目顧問，《一二三遊台灣》公共電視節目全案規劃。

執行製作《台灣文化之美》多媒體節目。

一九九一年　卅四歲

攝影〈分新丁餅〉獲「台灣之美攝影大賽」金牌獎，〈台灣戲劇〉（六張）獲選爲一九九〇年飛利浦月曆照片。

民俗報導文集《台灣歲時小百科》獲台北西區扶輪社職業成就獎。

開辦「台灣民俗田野文化營」，擔任總策劃工作。

接受基隆市政府委託，進行《鷄龍中元祭祭典儀式專輯》田野調查工作（與李豐楙、許麗玲、楊雅棠合作）。

報導文集《台灣的布袋戲》、《變遷中的台閩戲曲與文化》（林勃仲合著）交由臺原出版社出版，散文集《台灣札記》交由漢藝色研文化公司出版，兒童報導文集《台灣生活日記》（共四冊，全部彩色文圖，與徐仁修合著）交由東華書局兒童部出版。

報導〈重重後山尋平埔〉獲第十二屆《聯合報》報導文學獎第一名，〈老歌仔的變味調〉發表於《自立晚報》副刊，〈淸淒虛微皮影夢〉發表於《自由時報》副刊。

散文〈恩怨戲台〉發表於《民衆日報》鄉土版。

空中專欄〈台灣民俗列車〉於中廣第二調頻廣播網《厝邊頭尾》節目播出。
策劃製作《寶島新春風物遊》電視特別節目於春節假華視頻道播出。
開辦「協和田野工作研習班」，並續辦第二屆「台灣民俗田野文化營」。
應邀赴美參加「美西夏令營」、「美東夏令營」等相關台灣同鄉會活動。
民俗報導集《台灣的歲節祭祀》交由自立報系文化出版部出版。
民俗筆記《台灣民俗田野手冊》〈行動導引卷〉交由臺原出版社出版。
擔任聯合報報導文學獎評審委員。

國立中央圖書館出版品預行編目資料

臺灣的歲節祭祀／劉還月著.--第一版.--臺北市：自立晚報，民80
面；　公分.--(臺灣本土系列.二；27)
ISBN 957-596-129-3(平裝)

1. 風俗習慣-臺灣

538.8232　　80002040

臺灣本土系列二之㉗

臺灣的歲節祭祀

作　　者：劉還月
董 事 長：吳和田
發 行 人：吳豐山
社　　長：陳榮傑
總 編 輯：魏淑貞
責任編輯：鄭文聰　余敏媛
版面設計：翁國鈞
行政編輯：吳俊民
美術編輯：林　林
校　　對：劉還月　李甄彥
行　　銷：季沅菲　弭適中　彭明勳
林徵瑜　王芳女　許碧眞
出　　版：自立晚報社文化出版部
台北市濟南路二段十五號
電　話：(02)3519621轉圖書門市
郵　撥：0003180-1號自立晚報社帳戶
登記證：局版台業字第四一五八號
總 經 銷：吳氏圖書有限公司
台北市和平西路一段一五○號三樓之一　電話：(02)3034150
法律顧問：蕭雄淋
印　　刷：松霖彩印有限公司
排　　版：自立報系電腦檢排室

定　　價：二五○元
第一版一刷：一九九一年八月
第一版二刷：一九九三年十月

ISBN　957-596-129-3(平裝)